MW00973281

VAMOS A JUGAR

Fred Rogers

VAMOS A JUGAR

Divertidos juegos y actividades para estimular el desarrollo de tu hijo

ONIRO

Título original: *Mister Rogers' Playtime*
Publicado en inglés por Running Press Book Publishers, Philadelphia
    and London, www.runningpress.com

Traducción de Joan Carles Guix

Diseño de cubierta: Valerio Viano

Ilustración de cubierta e interiores: Maureen Rupprecht

Distribución exclusiva:
Ediciones Paidós Ibérica, S.A.
Mariano Cubí 92 – 08021 Barcelona – España
Editorial Paidós, S.A.I.C.F.
Defensa 599 – 1065 Buenos Aires – Argentina
Editorial Paidós Mexicana, S.A.
Rubén Darío 118, col. Moderna – 03510 México D.F. – México

Quedan rigurosamente prohibidas, sin la autorización escrita de los titulares del *copyright*, bajo
las sanciones establecidas en las leyes, la reproducción total o parcial de esta obra por cualquier
medio o procedimiento, comprendidos la reprografía y el tratamiento informático, y la
distribución de ejemplares de ella mediante alquiler o préstamo públicos.

© 2001 by Family Communications, Inc.

© 2002 exclusivo de todas las ediciones en lengua española:
    Ediciones Oniro, S.A.
    Muntaner 261, 3.º 2.ª – 08021 Barcelona – España
    (oniro@edicionesoniro.com – www.edicionesoniro.com)

ISBN: 84-9754-029-8
Depósito legal: B-32.057-2002

Impreso en Hurope, S.L.
Lima, 3 bis – 08030 Barcelona

Impreso en España – *Printed in Spain*

Agradecimientos

Una de las ventajas de haber crecido durante la era «A.T.» (antes de la televisión) es que pasas la mayor parte de la infancia jugando a diversas actividades. El trabajo de este libro tiene sus raíces en mi amor por el juego, pero también en la percepción que mis padres, abuelos, vecinos y amigos tuvieron de los juegos diarios de su infancia. Las infancias sanas y felices tienen muchos juegos.

Para mí, uno de los gozos de ser padre y abuelo es verme involucrado en las maneras de jugar de mis hijos y nietos. Les agradezco haberme brindado otra oportunidad para madurar en la comprensión de lo que el juego puede significar para toda la familia.

Durante los años que he dedicado a estudiar el desarrollo de los niños, mis maestros, la doctora Margaret McFarland, el doctor Albert Corrado y la doctora Nancy Curry, me han enseñado que el juego es el «trabajo» de los niños. Les agradezco de forma especial que compartieran su punto de vista, su entusiasmo y su fascinación acerca del modo como los niños crecen y aprenden y el papel esencial del adulto a la hora de animarlos en su desarrollo.

Transformar nuestro amor por el juego en un libro para padres fue el trabajo de dos miembros de nuestro equipo: Hedda Bluestone Sharapan y Cathy Cohen Droz. Su pasión por el juego y su cariño hacia las familias que utilizarían el libro eran obvios en el transcurso de la confección del libro. A medida que las he ido conociendo, a ellas y a sus familias, a lo largo de los años, ha resultado indiscutible que son madres que se preocupan por el valor que desempeña el juego en el desarrollo de sus hijos y que disfrutan convirtiendo la vida diaria en un juego. Hedda y Cathy adoran la diversión, y por supuesto, les encanta ayudar a los otros a descubrirla. ¡Qué agradecido estoy de haberlas conocido!

Gracias a nuestra asesora, la doctora Roberta Schomburg, y a un antiguo miembro de nuestro equipo al tiempo que amigo, Barry Head, quien a través de su trabajo con nosotros nos ha proporcionado muchas actividades valiosas para este libro. Agradecemos también a Karin Haug, nuestra interna en verano, la visión fresca y nueva que proporcionó a nuestras charlas. Gracias también a uno de los miembros de nuestro equipo, Britanny Loggi-Smith, y su familia, quienes se ofrecieron a probar algunas de las actividades para asegurar que nuestros consejos eran claros y precisos. Además, compartieron los frutos de su experiencia con todos nosotros en Family Communications, Inc. ¡Fue estupendo!

Gracias a nuestros amigos de Running Press, especialmente a Melissa Wagner, nuestra editora, y a Alicia Freile, nuestra diseñadora, que pusieron toda su atención y cuidado trabajando con nosotros para hacer de este libro un texto útil para las familias. Agradecemos especialmente la colaboración de Maureen Rupprecht, un viejo amigo que ha ilustrado el libro con su habitual sensibilidad artística.

Cada uno de los miembros de nuestra entidad sin ánimo de lucro, Family Communications Inc, ha contribuido de alguna manera en la confección del libro, como lo hacen con todos nuestros proyectos. Su dedicación en la búsqueda de lo que es significativo para los niños y el gozo de ver a sus familias jugando ha sido una importante fuente de inspiración para mí. Esperamos que tú y tus hijos continuéis disfrutando del crecimiento a través del juego en vuestras vidas diarias.

Índice

Introducción

La frase más engañosa de nuestro vocabulario es: «Esto es un juego de niños». Se utiliza para sugerir que algo es trivial. Sin embargo los juegos de los niños no son, de ninguna manera, algo trivial. Cuando los niños juegan, están trabajando. A través del juego aprenden quiénes son, asimilan quiénes son los demás y cómo es el mundo que los rodea. El juego es uno de los momentos más importantes para aprender y crecer.

Cuando observo a niños jugando, disfruto especialmente al ver que utilizan lo que tienen para jugar de formas a menudo insospechadas. Un niño que utilice un tubo de papel vacío como túnel para los coches o una toalla como manta para un osito de peluche es un niño creativo, un descubridor, y es capaz de solucionar problemas. El recreo durante la infancia puede constituir las raíces de las capacidades necesarias para la vida que nos ayudan a operar, aprender y llegar a ser lo que podamos ser.

Jugar para aprender y divertirse

Hace poco, nos llegó una carta que decía muchas cosas acerca de los juegos y de la tarea de los padres.

Soy una madre de 28 años. Siento la responsabilidad de ser madre de una manera muy intensa... así es que he comprado libros, libros y más libros. Estaba segura de que si no hacía bien mi trabajo, mi hijo sufriría. Cuando cumplió dos años, me quise asegurar de que sabía contar hasta doce y que podía reconocer todas las letras del alfabeto.

(...) Hasta que me di cuenta de que mi hijo necesitaba ser un niño y que yo necesitaba que lo fuera. Ahora, esto significa más para mí que intentar almacenar información en su cerebro en evolución. Significa permitirle disfrutar de la vida como sólo un niño puede hacer, la pura diversión de interrogarse acerca del mundo que lo rodea, aunque las preguntas sean sencillas. ¿Sabías que se pueden ver arco iris en las alas de las moscas?

Esta tarde, mi hijo y yo hemos jugado a ser diferentes tipos de animales y nos hemos reído mucho. Después, nos cansamos, así es que nos sentamos en la mesa e hicimos un molinete. Mi hijo no había aprendido el alfabeto ni los números, pero estaba aprendiendo a simular y a jugar para divertirse.

Me aventuraría a adivinar que, al mismo tiempo, su hijo estaba aprendiendo toda clase de cosas importantes, cosas que le ayudarían en la escuela, tales como la imaginación, permanecer un rato haciendo una actividad, seguir consejos, prestar atención, etc.

Igualmente, se sentía bien consigo mismo y con los demás. La carta continuaba de esta forma:

Al final, sentí que me estaba dando permiso para ser la clase de madre que deseaba ser. No soy una profesora. Soy una madre, y una madre imperfecta, con miedos, esperanzas y sueños como todas las demás, pero con muchísimo amor hacia mi hijo.

Sus comentarios me recordaron algo esencial que aprendí de Helen Ross, una profesora de desarrollo infantil de notable prestigio y asesora de los programas de *Neighborhood*: ¡NO SE PUEDE OLVIDAR LA DIVERSIÓN!

Acerca del libro

Además de proporcionar actividades divertidas y significativas, queríamos que el libro fuera fácil de utilizar para los padres. Hemos organizado las actividades en capítulos, utilizando categorías que resultan de interés para los niños o características que los padres quieren estimular.

En cada capítulo, ofrecemos una gran variedad de actividades, como ideas sobre qué hacer con la comida, proyectos, música, movimiento y juegos para hacer en el exterior. Tú eres la que mejor conoces a tu hijo, así que eres quien mejor puede decidir con qué actividades va a disfrutar.

Hemos seleccionado las actividades de este libro teniendo en cuenta lo ocupados que están los padres de hoy en día. Todas las ideas requieren poca preparación, son sencillas de llevar a cabo y sólo se necesitan unos cuantos enseres domésticos.

Es posible que algunos niños necesiten ayuda extra para empezar, así que hemos incluido algunas sugerencias. Por ejemplo, si tu hijo duda sobre qué tipo de dibujo le gustaría hacer o qué danza crear, podrías decirle: «¿Qué tal uno de tus sitios preferidos?». O «¿un día horrible?». O «¿la mejor fiesta de cumpleaños?». Cuando animamos a los niños a añadir algo de su propia vida en sus juegos les estamos ayudando a llegar a su autenticidad y a expresar algo que es significativo para ellos.

Empezar

Empieza con cosas que a tu hijo le entusiasme hacer. ¿Pasa mucho tiempo jugando con coches de juguete? Quizá le gustaría explorar las cosas al aire libre. O puede que tengas un niño que le apasione dibujar. Ve a los capítulos que creas que se adaptan mejor a la personalidad de tu hijo.

También podrías empezar con lo que quieres estimular en el niño, como la cooperación, colaboración en las tareas del hogar, hablar de sentimientos o desarrollar el amor por la naturaleza.

Deberías buscar el tipo de juego que quieres realizar. ¿Con qué disfrutabas cuando eras una niña? ¿Qué capítulo de este libro te llama más la atención? Tu entusiasmo por un tipo determinado de juego hará que éste resulte más atractivo para tu hijo.

Durante uno de los primeros cursos prácticos que hice de Desarrollo Infantil en la Universidad de Pittsburgh, me di cuenta por experiencia propia de cuán influenciado puede verse el juego de un niño por un adulto. Había estado observando a niños de cuatro años en familia y en el Centro de Niños. El director del centro había invitado a un escultor famoso. El director comentó al escultor: «Me gustaría que te encantara trabajar con la arcilla delante de los niños, no enseñarles las técnicas». El escultor así lo hizo, y poco a poco, todos aquellos niños de cuatro años empezaron a esculpir cosas con la arcilla porque habían captado la idea de que podían encontrar satisfacción haciendo con ella lo mismo que hacía su invitado. El escultor visitó a los niños una vez a la semana durante un semestre entero. Los niños se habituaron a utilizar la arcilla de una manera muy imaginativa.

Esta historia me recuerda lo que dijo Quaker: «Las actitudes se captan, no se enseñan». Cuando haces con tu hijo algo que adoras hacer o incluso cuando hablas de cosas que te salen del corazón, le contagias.

Establecer límites

Cuando le presentamos una idea de juego a un niño, debemos proporcionarle límites, especialmente si estamos en un lugar cerrado o dentro de casa. Nadie quiere que se ensucien los muebles o las paredes.

Antes de empezar el juego es una buena idea explicarle las reglas, tales como «hay que poner periódicos en la mesa antes de pintar» o «la arcilla no se puede mover de la mesa». Una idea útil es colocar la arcilla encima de papel para el horno, ya que de esta forma el niño ve dónde debe estar.

También puede resultar de utilidad recordar a tu hijo, antes de empezar a jugar, que después habrá un tiempo para la limpieza. Luego, deberás finalizar el juego diez minutos antes y hacerle saber que en un minuto vais a poneros a limpiar. El momento de la limpieza forma parte del juego.

Asimismo, pueden derivarse beneficios maravillosos cuando ponemos límites a lo que los niños pueden hacer. Recuerdo una vez mirando a un preescolar cuya madre acababa de decirle que no se metiera más el lápiz en la boca. De la mirada en la cara de la pequeña se podía deducir que tenía un problema: ¿cómo complacer a su madre y a la vez satisfacer el urgente deseo de jugar con el lapicero? Solucionó el problema encontrando un orificio en un juguete. A los pocos segundos jugaba contenta, metiendo y sacando el lápiz del orificio.

Observar estas cosas me hizo dar cuenta de lo importantes que son los límites para el desarrollo de la creatividad infantil. Cuando no les dejamos hacer exactamente lo que quieren, tienen la oportunidad de crear alternativas.

Los padres y el juego

Tu mayor o menor grado de implicación en el juego de tus hijos depende de ti, de las necesidades y capacidades de tu hijo y de la situación. Para algunas de las actividades y a algunos niños quizá sólo tengas que preparar los materiales. El juego empezará a funcionar y tú te podrás retirar. Cuando estés más involucrada descubrirás que no sólo es juego lo que sucede. Un amigo mío estaba sentado en la mesa de la cocina y colocó una huevera de cartón encima. Había decidido hacer algo que recordaba de su infancia. Su hija de cuatro años estaba en la habitación contigua, mirando la televisión, pero entró en la cocina para ver lo que estaba ocurriendo.

Preguntó a su padre lo que estaba haciendo y le dijo: «Me preguntaba si podía hacer un coche de juguete». Ella le preguntó: «¿Para qué?». A lo que contestó: «Sólo para divertirme. Solía hacerlos con hueveras de cartón cuando era un niño». Se quedó pensativa durante un rato y después ofreció su ayuda. Su padre la invitó a sentarse junto a él y le dijo que le vendría bien un poco de ayuda. Transcurrió media hora, y poco a poco, el padre ayudó a la hija a realizar la parte del proyecto que la consideró capaz de hacer. Cuando lo terminaron, cogió el coche-huevera y corrió escaleras arriba gritando: «¡Mamá, mira lo que papá y yo hemos hecho!». Imagina lo que significó para ella a todos los niveles: había jugado con su padre, habían construido algo juntos, habían respetado las ideas de los dos y se habían sentido orgullosos de lo que habían hecho. Piensa también en lo que significó para el padre.

Tanto si estás involucrada en el juego como si sólo observas cómo juega el niño, tendrás una oportunidad estupenda de aprender más sobre tu hijo y probablemente más sobre ti misma.

Puede que llegues a la conclusión de que mirar cómo juega tu hijo te transporta a un estado de bienestar y te hace recordar tu infancia, y descubrir nuevas cosas sobre ti misma. Ser padres nos proporciona oportunidades para crecer al lado de nuestros hijos.

Compartir y Cuidar

Incitar a la cooperación y la amabilidad

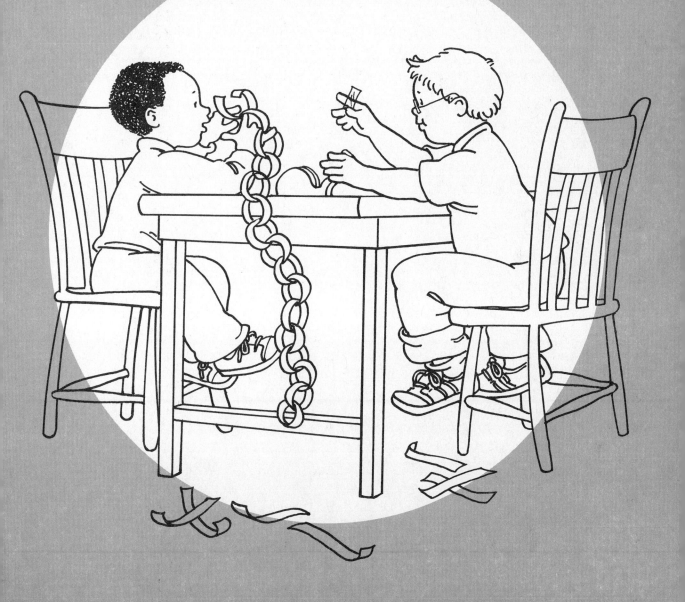

ompartir y cuidar son ideas que van de la mano. Ambas resultan duras para la mayoría de los niños, pero esto no significa que éstos sean egoístas y poco colaboradores o desagradables, sino sólo que son humanos.

Mis amigos me contaron una historia de algo que había ocurrido un día cuando su hija Michelle invitó a una amiga a casa por la tarde. Las niñas querían jugar en el jardín, pero el aire de la tarde era frío. Michelle cogió una rabieta de órdago después de que sus padres ofrecieran uno de sus jerséis a su amiguita. No era uno de los jerséis favoritos de Michelle, así es que no podían entender por qué se puso tan furiosa. Parecía que me preguntaban: «¿Cómo vamos a enfrentarnos a una niña tan egoísta?».

La respuesta negativa de Michelle a sus padres cuando intentaron dejarle el jersey a su amiga no era extraña y no era una señal de que fuera una niña poco cuidadosa. La mayoría de los niños tienen problemas para compartir. Ser capaz de compartir y cuidar es fruto de un largo proceso, aunque no podemos esperar que la mayoría de los preescolares compartan siempre las cosas, cooperen y tengan cuidado con los sentimientos de los demás. Existen algunas cosas que podemos hacer para encaminarlos en esta dirección.

Compartir desde la perspectiva de un niño

En primer lugar, podemos intentar comprender lo que significa compartir para un niño desde su punto de vista. Para un niño pequeño, lo que es «yo» es «mío» y lo que es «mío» es «yo». Probablemente hayamos oído a un niño decir «yo silla» en lugar de «mi silla». Para ellos es difícil compartir, porque significa dar una parte de «mí».

Una madre de un preescolar descubrió que cuando su hijo tenía el control sobre cuándo y qué iba a compartir, se mostraba más receptivo a compartir sus juguetes. La madre sugirió al niño que permitiera a sus amigos jugar con cierto juguete una vez él hubiera terminado, y normalmente encontraba cooperación por parte de su hijo. Estoy convencida de que los niños están más predispuestos a compartir cuando tienen el control de las cosas.

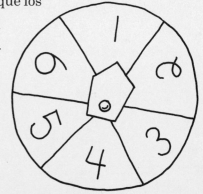

Un cronómetro de cocina es otro método utilizado por algunos padres para ayudar a sus hijos a hacer turnos. Es un árbitro neutral, así que los niños confían en que cuando dejan el juguete a otro niño, les será devuelto al cabo de un rato.

Retener y prestar

Antes de que los niños presten algo para compartirlo, deben entender lo que significa retener algo o tenerlo en propiedad. Puede ayudarles tener algo que no tengan que compartir, como su peluche favorito o una manta. Antes de que un amigo acuda a casa a jugar, puede ser una buena idea dejar que tu hijo decida qué juguetes va a compartir. Puedes sugerirle que esconda los juguetes que simplemente son demasiado personales como para compartirlos.

Una de las cosas más difíciles de compartir para un niño es la atención de sus padres, pero cuando confían en que tendrán la atención total de sus padres, aunque sea un ratito cada día, están más predispuestos a compartirla.

Desarrollar empatía

Tener cuidado con los sentimientos ajenos o ver el mundo a través de los ojos de los otros también es una capacidad que se desarrolla poco a poco. Es la base de la empatía, la capacidad de apreciar cómo se pueden sentir los demás.

Podemos ayudar a nuestros hijos a volverse más conscientes de los demás elogiándolos cuando compartan un juguete o una galleta o cuando consuelen a alguien que se haya hecho daño o que esté llorando. Tus acciones ayudan a tu hijo a saber apreciar los gestos de amabilidad que pueda tener. Cuando dices a tu hijo: «Te estás haciendo mayor», le ayudas a clarificarle que crecemos tanto interior como exteriormente.

Otra de las cosas que se pueden hacer es proporcionarle actividades, como las de este capítulo, que permitan a los niños saber de primera mano que compartir y cuidar son acciones valiosas y divertidas. Poco a poco, aprenderán lo bueno que se desprende de ellas.

Cadenas de papel

Un niño solo puede hacer una cadena muy larga, pero si otro niño le ayuda, la cadena crecerá, crecerá y crecerá.

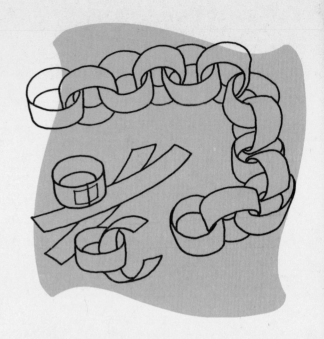

NECESITAS:

Surtido de cartulinas de colores

Tijeras de punta roma

Pegamento o cinta adhesiva

✱ Enseña a tu hijo a recortar la cartulina en tiras de un tamaño que te permita hacer anillas. Haz una anilla con una tira de cartulina y pégala. A continuación, muéstrale como hacer una segunda anilla y unirla a la primera para confeccionar la cadena. El niño disfrutará haciendo la cadena tan larga como pueda.

✱ Cuando la cadena esté terminada, cuélgala con cinta aislante y tendrás la decoración perfecta para una fiesta de cumpleaños o para las vacaciones.

TU HIJO DESARROLLA:

Trabajo en equipo

Destreza

Un divertido dibujo doblado

*Aquí tienes una idea que no es diverti-
do hacerla solo. Tu hijo necesitará por
lo menos un compañero, pero aún funciona mejor con tres.*

NECESITAS:

Hojas de papel

Lápiz, bolígrafo o rotulador

✳ Dobla en tres una hoja de papel de
manera que sólo se vea el pliegue superior.

✳ Sin que los demás lo puedan ver, haz
que tu hijo dibuje la cabeza de un animal o de una persona en el pliegue superior. Después pídele que doble la
sección para esconder lo que ha dibujado.

✳ Otro niño ve solamente la parte del
medio de la hoja y dibuja el cuerpo de
una persona o animal. Doblad la hoja
de manera que los dos dibujos queden
escondidos y dádsela al tercer juga-
dor.

✳ El tercer niño dibuja las piernas de
una persona o animal.

✳ Estirad la hoja y encontraréis un divertido y extraño personaje.

TU HIJO DESARROLLA:

Aprecio por las ideas de las otras personas

Destreza

Imaginación

Hacer turnos

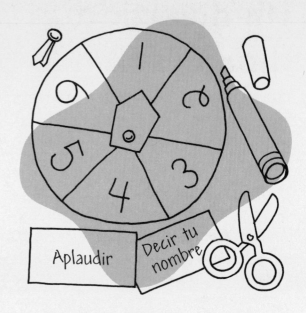

Como la mayoría de juegos, éste les proporciona práctica a la hora de hacer turnos. Como sólo implica leer números y palabras, tal vez los niños necesiten tu ayuda o la colaboración de un niño más mayor.

NECESITAS:

Tijeras de punta roma

Cartulina o papel rígido

Encuadernador de latón

Rotulador

Tarjetas o papel

Confeccionar una rueda giratoria: Recorta un círculo de 15 o 20 cm, o un cuadrado de la misma longitud de lado, en una cartulina y divídelo en secciones. Escribe un número en cada sección. Construye una flecha con la cartulina sobrante y sujétala al centro del círculo con el encuadernador de latón. Afloja la flecha si es necesario de forma que el círculo gire con facilidad.

✳ Recorta el papel en trozos de 8 × 15 cm. Serán las tarjetas de las instrucciones. Pide a los niños que piensen en actividades para escribirlas en las cartas. Aquí tienes algunas sugerencias:

Aplaudir

Susurrar «no, gracias»

Dar una vuelta

Tocarse los zapatos

Gritar «sí, por favor»

Decir tu nombre

Llamar a la puerta

✳ Baraja las cartas. Haz que un niño coja una carta. Gira la rueda para ver cuántas veces deberá hacer lo que dice la carta. Por ejemplo, si la rueda se para en el cuatro y en la carta está escrito «Decir tu nombre», el niño deberá decir su nombre cuatro veces.

TU HIJO DESARROLLA:

Hacer turnos

Paciencia

Capacidad de leer y escribir

Reconocer los números

Aprende a cooperar con pinzas de la ropa

Con este juego los niños pueden darse cuenta de que algunas cosas no se pueden llevar a cabo sin la colaboración de los demás.

NECESITAS:

3 o 4 pinzas para tender la ropa

Cuerda, hilo o cuerda de tender la ropa

Jarra de plástico para la leche
   con abertura estrecha

* Ata trozos de hilo en las pinzas (una para cada niño) y colócalas en el interior con los hilos colgando hacia fuera.

* Pide a los niños que tiren de los hilos. ¿Qué sucede si todos tratan de sacar las pinzas a la vez? ¿Podrían pensar en formas de sacar las pinzas de la jarra?

TU HIJO DESARROLLA:

Cooperación

Hacer turnos

Paciencia

Destreza

Esta actividad puede motivar conversaciones acerca de otras ocasiones en las que la cooperación resulta esencial. Por ejemplo, ¿qué se puede hacer cuando dos niños quieren el mismo vaso? ¿Qué hacer si los dos quieren jugar con el mismo juguete? ¿Cómo resolver este tipo de problemas pacíficamente?

Una habitación para compartir

Cuando desenrolles un trozo de papel grande y les muestres a tus hijos que tienen un espacio enorme donde poder dibujar, se darán cuenta de que pueden trabajar uno al lado del otro y realizar un mural más grande y más interesante que el que podrían haber hecho solos.

NECESITAS:
Un trozo largo de papel de rollo
Rotuladores o tizas
Cinta adhesiva

✳ Desenrosca el papel hasta que tenga la medida del área de trabajo (el suelo o la mesa). Probablemente necesites la cinta adhesiva para fijarlo.

✳ Ayuda a los niños a decidir cómo van a trabajar juntos formulándoles preguntas del tipo:

> ¿Cómo podemos decidir dónde va a dibujar cada uno de vosotros?
> ¿Debería cada persona dibujar una parte de una pintura o cada uno debe dibujar su propia pintura?
> ¿Vais a usar un solo tema?
> ¿El océano, el jardín, el circo o una casa con jardín?

✳ Una vez se hayan puesto de acuerdo, saca los rotuladores o las tizas y que empiecen a trabajar.

✳ Puede ser una manera divertida de hacer un cartel de cumpleaños para un amigo o para alguien de la familia. Una forma interesante de decir que le tienen en cuenta.

TU HIJO DESARROLLA:
Cooperación
Creatividad
Toma de decisiones
Aprecio por las ideas de los demás

> Asegúrate de hacer comentarios de elogio cuando los niños jueguen juntos. Probablemente no van a estar bien todo el rato, pero cuando alabas los momentos de cooperación, le estás diciendo que valoras la cooperación.

Pescar palabras

Observa cómo tu hijo hace turnos, trabaja la imaginación y la destreza y goza con la lectura mientras juega a pescar palabras con sus amigos.

NECESITAS:

Imán

Cuerda

Lápiz o regla

Formas de peces recortadas de cartulina

Sujetapapeles

Cubo

✳ Ata el imán a un trozo de cuerda. A continuación ata la cuerda a una regla o a un lápiz que simulará la caña de pescar.

✳ Tu hijo debe ser capaz de ayudar a dibujar o recortar los peces de la cartulina y colocarles los sujetapapeles.

✳ En cada pez escribe una actividad para que tu hijo la realice. Aquí tienes algunas sugerencias:

> Simular que eres un bebé
> Simular que andas como alguien muy alto

> Simular que eres un animal
> Simular que eres un bailarín

✳ Pon todos los peces en el cubo. Haz que los niños intenten pescarlos con la caña. Quizá tarden un poco en coger el primero. Cuando un niño pesca un pez debe hacer la actividad que éste lleva escrita y después esperar hasta que vuelva a tocarle el turno mientras los demás niños pescan.

TU HIJO DESARROLLA:

Hacer turnos	Persistencia
Paciencia	Simulación
Capacidad de leer y escribir	

Una fábrica de pizzas

Una comida que se puede preparar en cadena. Todo el mundo puede participar del trabajo.

NECESITAS:

Bollos (cortados por la mitad)

Cacerolas

Salsa de tomate

Lonchas de queso mozzarella

Ingredientes para pizza (champiñones, aceitunas, pimientos verdes, etc.)

Cuchara para mezclas

Papel de horno

✻ Forma una línea con los ingredientes en la mesa de manera que cada niño tenga su propio espacio para trabajar.

✻ Decide, con la ayuda de los niños, quién va a realizar ciertas tareas que van a resultar necesarias para cocinar las pizzas individuales:

> Verter la salsa
>
> Cortar el queso en lonchas
>
> Poner el queso en las pizzas
>
> Poner los ingredientes
>
> Colocar las pizzas en el papel de horno

✻ Diles a los niños que, por razones de seguridad, debe ser un adulto quién coloque las pizzas en el horno. Las pizzas estarán hechas cuando el queso se funda.

✻ Cuando las pizzas estén listas, todos podrán disfrutar los frutos de su trabajo gracias a la cooperación y al trabajo en cadena.

TU HIJO DESARROLLA:

Trabajo en equipo

Destreza

Escoger comida sana

Los cuidados

Para un niño puede resultar agradable ser el cuidador.

NECESITAS:

Muñecas o animales de peluche

Mantas pequeñas o toallas

Ropas (camisetas, bolsos, carteras, corbatas, etc.)

Ropa para muñecas (opcional)

Biberón o cuchara (opcional)

Manoplas y cinta adhesiva para los pañales

* Para empezar a jugar no necesitaréis nada más que unos cuantos animales de peluche o muñecas y una manta o algo parecido. A algunos niños les gusta disfrazarse cuando juegan a mamás y papás. Les puedes dar ropas diversas, americanas, corbatas, bolsos, carteras, delantales, etc. También puedes hacer una cuna para que la meza sujetando una sábana entre dos sillas.

* Si el niño necesita ayuda para empezar, puedes preguntarle qué tipo de cosas hacen las mamás y los papás para cuidar de los bebés, coger al niño, mecerle, darle de comer, cambiarle los pañales, cantarle nanas, jugar a «Veo, veo», mostrarle sonajeros o muñecos.

* Piensa en lo mucho que puede significar para tu hijo cuando le dices algo como «Qué afortunado es tu bebé de tener un padre que lo cuida tan bien».

TU HIJO DESARROLLA:

Amabilidad

Actitud protectora

Simulación

Cuando los niños juegan a cuidar muñecas o animales de peluche, practican el hecho de tener en cuenta las necesidades de los demás y realizar tareas específicas para cuidar de ellos. Los niños son capaces de transportar este sano sentimiento a sus vidas diarias.

Imágenes en el espejo

Los preescolares son egocéntricos por naturaleza, pero en esta actividad deberán centrarse en la cara, los gestos y los movimientos de otra persona. El compañero de juego de vuestro hijo puede ser otro niño o un adulto.

NECESITAS:

Un compañero

* Haz que los niños se pongan de pie uno delante del otro, como si se estuvieran mirando en un espejo.

* Uno de los niños empieza. Si él se mueve, el otro niño debe imitar su movimiento.

* Cuando lleven un rato, cambia los roles de manera que cada uno de los niños tenga la oportunidad de ser imitador e imitado.

En momentos conflictivos, cuando tu hijo se haya comportado de una forma inadecuada con un amigo, puedes pedirle que se fije en la cara de su amigo, de la misma forma que lo ha hecho en esta actividad. Observar las expresiones faciales o los movimientos de otras personas puede ayudar a los niños a darse cuenta de que las cosas que hacen pueden afectar realmente a los otros.

TU HIJO DESARROLLA:

Empatía

Capacidades de observación

Hacer turnos

Coordinación

Tarjetas de agradecimiento

«Gracias» es la palabra más importante de nuestro vocabulario. Ayuda a tu hijo a desarrollar una actitud de agradecimiento con esta actividad.

NECESITAS:

Papel o tarjetas

Lápices, rotuladores o tizas

Fotografías de revistas o dibujos adhesivos

Pegamento (opcional)

Sobres de carta

* Dobla el papel por la mitad hasta conseguir la forma de una tarjeta

* Con tu ayuda, haz que tu hijo piense en alguien que haya hecho algo bonito o útil para él. La tarjeta puede ser para:

    Padre, hermano, hermana
    Abuelo, vecino, amigo
    Cuidadora, puericultora, maestra
        de preescolar
    Cartero
    Guardia urbano

* Pregúntale a tu hijo qué clase de mensaje de agradecimiento le gustaría escribir en la tarjeta. Un niño muy pequeño te puede dictar las palabras y tú las escribes. Un niño más mayor será capaz de escribir un mensaje o firmar con su nombre.

* Haz que decore la parte delantera de la tarjeta con un dibujo, con fotografías de revistas o con adhesivos.

TU HIJO DESARROLLA:

Expresiones de aprecio hacia los demás

Creatividad

Capacidad de leer y escribir

Destreza

Juegos
de Simulación

Desarrollar la imaginación

onocíamos a un niño en edad preescolar que pasaba la mayor parte del tiempo simulando ser un superhéroe. Era bajito para su edad, hablaba casi susurrando y era tímido con las personas que acababa de conocer, pero cuando se colocaba su capa, hablaba con una voz profunda y fuerte y andaba pavoneándose. Para su familia era obvio lo que aquel disfraz significaba para el pequeño. Se dieron cuenta de ello cuando el niño insistió en ponérselo para su revisión médica. Parecía que le ayudaba a sentirse más fuerte y más valiente y, por esta razón, podía ayudarle a hacer la visita al doctor más llevadera.

Cuando los niños simulan, no están limitados a la manera como funcionan las cosas en el mundo real. Usan su imaginación para traspasar las fronteras de la realidad. Un palo puede ser una varita mágica. Un calcetín puede ser un títere. Un niño pequeño puede ser un superhéroe poderoso, un llorón, un valiente dragón o un temido león, simplemente lo que quiera ser.

Probar sentimientos

Aunque la simulación puede adoptar múltiples formas distintas, la mayoría de las veces parece que sea un modo que tienen los niños para desahogarse de los sentimientos que tienen acerca de alguna cosa. A través de la simulación de otros papeles, los niños empiezan a comprender también los sentimientos ajenos. Ver las cosas desde el punto de vista de otra persona puede ser muy difícil para un niño pequeño. La simulación puede ayudarles a sentirse como otra persona por un rato.

Poder e independencia

Una de las cosas más fascinantes del crecimiento es cómo pasamos de la dependencia a la independencia. Cuán independientes son los niños, y cuánto desearían serlo, se convierte en una de las mayores luchas de los primeros años de vida del niño. Mientras que los niños a menudo discuten porque quieren hacerse cargo de ellos mismos, en realidad no lo desean porque les daría demasiado miedo. Sin embargo, pueden jugar a ser independientes. Pueden poner sus muñecos de determinada manera y simular que son personas en diferentes situaciones; les pueden hacer actuar y controlarles de formas que no pueden hacer con la gente de verdad. Juegan a ser mayores. No te sorprendas, sin embargo, si al momento están jugando a ser bebés.

Comprender lo que es real y lo que es imaginario

A veces, fingir puede parecer tan real que los niños se preguntan si ponerse un disfraz podría cambiarles de verdad. Es importante para ellos distinguir que, aunque podemos aparentar ser otra persona, nunca podremos serlo en realidad. Siempre seremos nosotros mismos.

Alentar la imaginación

Siempre que estimules la imaginación de tu hijo, estarás incrementando las capacidades para razonar del niño. Los niños pequeños conocen mejor lo que oyen, tocan, huelen o ven. Se trata de una manera de pensar concreta. Pero cuando utilizan la imaginación para sus juegos de simulación, piensan en abstracto. Esto es esencial para la escuela, para la creatividad y para aprender a solucionar los problemas de la vida.

A veces, los padres se preguntan cuánto deben sugerir para estimular la imaginación. Los mejores juguetes son los materiales «de uso abierto», como la ropa para disfrazarse, marionetas y materiales artísticos porque los niños pueden usarlos para trabajar sus pensamientos y sentimientos sobre el mundo. Algunos niños necesitan juguetes específicos, como un teléfono de juguete. Otros, tienen suficiente si les pones la mano en la oreja, fingiendo hablar por teléfono. A medida que te vayas convirtiendo en un compañero de juego activo en los juegos imaginarios de tu hijo, conocerás mejor a tu hijo y tendrás una orientación más buena acerca de lo que puede ser útil.

Jugar a ser mayor

A los niños les encanta imaginarse que son los adultos importantes de sus vidas. Por esta razón juegan a menudo a ser mamás y papás.

NECESITAS:

Alguna cosa o todo lo siguiente:

Bolsos

Joyas

Sombreros

Cartera vieja

Vestido de noche

Muñeca bebé

Biberón

Manta

✳ Algunos niños ven ropas y complementos e inmediatamente empiezan a elaborar un juego de simulación. Otros, quizá necesiten un poco de ayuda para empezar. Puedes sugerir una situación cercana a las que tu hijo ha experimentado. Por ejemplo, fingir que hay un bebé enfermo en casa o que tu hijo es la nueva cuidadora que debe aprender la rutina del bebé. Los temas familiares pueden ser los mejores estímulos para que empiece el juego.

TU HIJO DESARROLLA:

Ponerse en el papel de otro

Juegos sobre el poder

Actitud protectora

> **A algunos niños les gusta jugar a ser mayores, otros quieren ser bebés. A veces, hacerse mayor les resulta duro y quieren tomarse un descanso fingiendo ser bebés para que alguien les cuide.**

El juego de la capa

Colocarse una capa puede ser suficiente para ayudar a tu hijo a simular todo tipo de roles poderosos: un rey, una reina o un superhéroe.

NECESITAS:

Manta suave, una bufanda grande
   o un chal, o una toalla grande
Aguja imperdible grande
Joyas, corona (opcional)
Varita mágica (opcional)
Baraja de cartas

✳ Sujeta con la aguja imperdible la manta, chal, toalla o lo que hayas escogido alrededor del cuello de tu hijo. ¿Qué tipo de juego hace que empiece esta capa? Puedes sugerir uno de los escenarios siguientes:

Juego de la realeza: Tu hijo puede querer ser un rey o una reina y planear un banquete real. Muestra a tu hijo cómo hacer reverencias a los invitados, que pueden ser amigos, parientes o incluso animales de peluche. ¿Cómo come la gente de forma educada? ¿Qué tipo de conversaciones van a tener? Puedes poner música majestuosa, como los ballets *Romeo y Julieta* de Tchaikovsky o Prokofiev. A tu hijo le gustará organizar los temas para que los invitados hagan determinadas cosas, sobre todo si tú eres uno de ellos.

Juego del superhéroe: Ser un superhéroe poderoso puede ser un juego tentador para los niños que empiezan a ser independientes. No obstante, deben ser conscientes de que el control sobre ciertas cosas, como la hora de irse a la cama o cuándo y qué pueden comer, lo seguirán teniendo los adultos. Este tipo de juego, a veces, implica secuestrar y rescatar y por tanto correr, por lo que es probable que se os vaya de las manos. Te puede ayudar advertir a tu hijo de que el juego se habrá terminado si alguien se pudiera hacer daño.

TU HIJO DESARROLLA:

Usar el juego para sentirse poderoso
Comprender la diferencia entre realidad y
   ficción

Abracadabra

A algunos niños les fascina simular que son magos.

NECESITAS:

Hoja grande de papel negro

Cinta adhesiva

Grapadora

Tijeras de punta roma

Tira de cartulina o palo

Pegamento

Purpurina

Capa negra, toalla oscura (opcional)

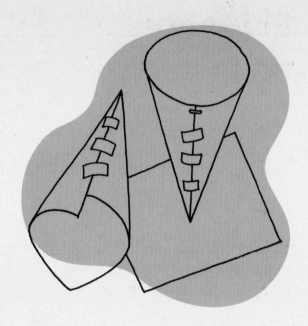

✳ Para hacer el sombrero del mago, haz un cono con el papel. Pega el extremo puntiagudo y grapa el extremo ancho. Recorta el papel sobrante de la base para que quede recta.

✳ Fabrica una varita mágica pegando purpurina a un palo o a una tira de cartulina.

✳ Quizá también quieras colocarle una capa negra o la toalla oscura.

✳ El niño querrá hacer trucos de magia. Muchas cosas del mundo son mágicas para los niños pequeños. Los simples trucos de hacer «desaparecer» las cosas pueden ser divertidos. Muchas veces, sólo el hecho de fingir tener poderes puede ser suficiente.

TU HIJO DESARROLLA:

Usar el juego para sentirse poderoso

Comprender la diferencia entre la realidad y la ficción

«Yo corono a su majestad el rey o la reina»

Los trajes reales y las coronas brillantes pueden hacer sentir a tu hijo grande, poderoso y muy lujoso.

NECESITAS:

Tiras de cartulina o cartón ligero
   de 10 a 20 cm de ancho

Tijeras de punta roma

Pedazos de materiales (hilo, botones,
   plumas, etc.)

Papel de aluminio

Papel para envolver o cinta metálica

Lentejuelas o purpurina (opcional)

Pegamento

Cinta adhesiva

Música majestuosa (opcional)

Comida para un festín real (opcional)

* Fija dos tiras de cartulina juntas hasta formar una corona del tamaño de la cabeza de tu hijo.

* Tu hijo necesitará ayuda para recortar las puntas a lo largo de la corona. A continuación, puede decorarla con los materiales citados anteriormente, con rotuladores, con trozos de papel de aluminio, con papel de envolver o con cinta metálica. También querrá pegar purpurina o lentejuelas en la corona. Primero pon pegamento en la corona y después esparcid la purpurina y las lentejuelas.

* Enlaza la corona en la cabeza del niño.

* Una vez el niño esté adornado con estas cosas tan lujosas, lo puedes saludar con una reverencia, poner música majestuosa para bailar o ofrecerle un festín que se deberá comer con modales reales.

TU HIJO DESARROLLA:

Sentimiento de poder

Imaginación

Creatividad

Simulación

Un mundo imaginario

Aquí tenéis un juego imaginario que sólo necesita de una simple llave, así que podéis divertiros en todas partes, en el coche, en una sala de espera o en casa en un día lluvioso.

NECESITAS:
Una llave o una llave hecha de cartulina

* Dale al niño la llave y dile algo como «Vamos a fingir que esta llave abre las puertas de un mundo imaginario». Deja que tu hijo simule que abre una puerta con la llave.

* Puedes formularle preguntas del tipo: ¿qué ves al otro lado de la puerta? ¿quién te viene a buscar y te lleva a las torres de este mundo imaginario? ¿qué ocurre allí?

TU HIJO DESARROLLA:
Imaginación
Simulación

Si actúas como compañera activa en este juego de imaginación, puedes animar a tu hijo a confiar cada vez más en su propia imaginación. Para los padres, es difícil saber lo elaborado que deben hacer el juego. Cuanto más haga tu hijo, menos tendrás que hacer tú. Hablar de cosas imaginarias puede recordarte tu propia infancia y a tu hijo puede que le encante escuchar tus historias.

¡A cocinar!

Con un sombrero de cocinero y plastilina o papel, tu hijo puede imitar a un chef y cocinar un banquete increíble.

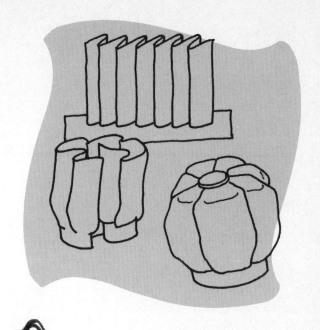

NECESITAS:

Trozo de papel o de cartulina de 50 × 75 cm

Pegamento o grapadora

Tira de cartón de 5 cm de ancho y sólo un poco más larga que la circunferencia de la cabeza de tu hijo

Cartulina

Tijeras de punta roma

Platos de papel

Tizas o rotuladores de colores

Arcilla (véase la receta de la página 92)

* Pliega un trozo de papel o de cartulina en el cartón.

* Pega la cinta de cartulina al papel doblado con pegamento o grapas.

* Tapa la parte superior del sombrero con un círculo de cartulina de 8 cm. Así cubrirás la parte vacía que queda entre los pliegues.

* Tu hijo puede utilizar la arcilla o la cartulina sobrante para simular hamburguesas, pasteles o galletas.

TU HIJO DESARROLLA:

Creatividad

Ponerse en el papel de otro

Seguir instrucciones

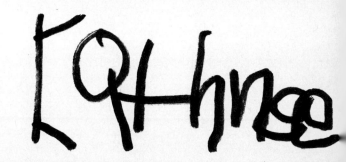

Sombreros de papel

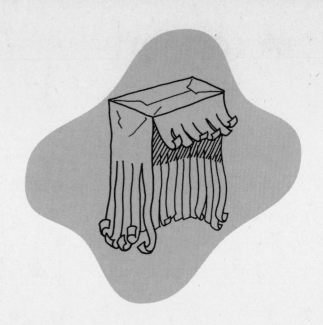

Guarda todas las bolsas de papel. Pueden usarse como bonitos sombreros o pelucas.

NECESITAS:

Bolsa de papel de tamaño mediano
Tijeras de punta roma
Trozos de cartulina, hilo o botones
Pegamento

* Para hacer una peluca de papel, corta la parte delantera de la bolsa, dejando un trozo de papel para hacer flequillo. Recorta la bolsa de papel en finas tiras. Si lo prefieres, puedes enrollar las tiras de papeles en un lápiz para hacer rizos, o añadir flores, cintas, lazos u otro tipo de decoración para el pelo para que la peluca sea más bonita.

* Te voy a mostrar cómo hacer un sombrero: Gira la bolsa dejando una vuelta en la parte exterior. Arruga la bolsa. Deja que tu hijo la decore con hilo, pintura o rotuladores. También la podría cubrir de pegamento y pegar botones, pedazos de materiales o cualquier cosa que sirva para decorar un sombrero.

TU HIJO DESARROLLA:

Creatividad
Imaginación

Bailar al ritmo de la música

La música puede sonar como elefantes a la carrera o como el soplar del viento. Escucha música instrumental o jazz y observa cómo se despierta la imaginación de tu hijo, y cómo se mueve su cuerpo.

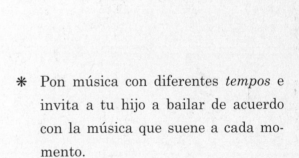

NECESITAS:

Música

Bufanda, chal o toalla

Sugerencias musicales: «El carnaval
    de los animales», de Saint-Saëns,
    Fantasía de la «Suite del cascanueces»,
    de Tchaikovsky

✳ Pon música y pídele a tu hijo que la escuche y piense qué tipo de animal o sentimiento le recuerda. Dile a tu hijo que baile o se mueva del modo en que cree que la música suena. Quizá el niño quiera fingir que es un animal o una situación determinada con una bufanda o un chal:

    un elefante con la trompa larga
    el viento
    una mariposa
    un viajero

✳ Pon música con diferentes *tempos* e invita a tu hijo a bailar de acuerdo con la música que suene a cada momento.

TU HIJO DESARROLLA:

Coordinación

Capacidades auditivas

Simulación

Imaginación

Marionetas

Hay muchos tipos diferentes de marionetas, de formas y tamaños distintos. Como se sujetan un poco alejadas del cuerpo, pueden tomar su propia personalidad. A una distancia cómoda, las marionetas forman parte de la personalidad del niño que, de otra forma, no podría ser expresada.

En las páginas siguientes, encontrarás ideas para realizar en casa diversas clases de marionetas. Aquí tienes algunas sugerencias que ayudarán a tu hijo a sentirse cómodo jugando con marionetas:

* Empieza hablando de la marioneta; habla de lo que representa, de qué está hecha, cómo se siente, qué tipo de marioneta será, etc.

* Coloca la marioneta en tu mano y háblale, cuéntale cosas de tu hijo o algo que haya sucedido ese día.

* A medida que el niño vaya mostrando interés por la reacción de la marioneta, puedes empezar a hablar por ella, respondiendo a las preguntas que le haces y hablando con tu hijo.

* Cuando veas que el niño se siente cómodo con la marioneta, deja que su marioneta hable con la tuya.

* Aquí tienes unas cuantas sugerencias para empezar el juego con las marionetas. Las mejores historias generalmente son las que os inventáis tu hijo y tú cuando jugáis juntos.

Ideas:

Las experiencias cotidianas en una familia de títeres, se levantan, comen, etc.

Domar a una marioneta que da miedo

Un niño nuevo viene a vivir a vuestro barrio

La marioneta está preocupada porque empieza a ir a la escuela

La marioneta no quiere ir a la cama

TU HIJO DESARROLLA:

Creatividad

Imaginación

Usar el juego para trabajar los sentimientos

Simulación

Marionetas con una cuchara

NECESITAS:

Cuchara de madera o cuchara de servir
    grande

Rotuladores

Trozos de distintos materiales (hilo,
    algodón, papel, fieltro, etc.)

Pegamento

Pañuelo o cualquier material cuadrado
    de 12 a 15 cm de lado

Hilo o cinta

* Una marioneta se puede hacer muy fácilmente con una cuchara. Sólo tienes que dibujar en ambas caras de la cuchara o pegar hilo, papel, etc. El hilo o las bolitas de algodón pegadas en el extremo de la cuchara puede pretender ser el pelo.

* Si se desea realizar una marioneta más elaborada, cubrid el mango de la cuchara con un pañuelo atándolo en el lugar donde debería estar el cuello con hilo o con cinta.

Marionetas con un palo

NECESITAS:

Platos de papel pequeños

Tizas o rotuladores

Trozo de paja, palos de helado, etc.

Trozos de hilo, papel, botones, etc.

Pegamento

Fotos de revistas o dibujos (opcional)

* Haz que tu hijo dibuje caras en un plato de papel pequeño y decóralo con hilos, botones, papeles, etc. Por ejemplo, los botones pueden ser los ojos y el hilo puede ser el pelo. Quizá tu hijo quiera decorar distintos platos con diferentes expresiones de cara para demostrar distintos sentimientos.

* Pega los platos de papel a los palos para tener el títere completo.

* Se puede hacer otro tipo de marioneta pegando un dibujo o una fotografía de una revista en un palo.

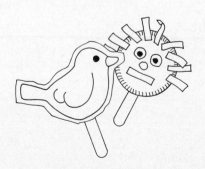

Marionetas con vasos de papel

NECESITAS:

Vasos de papel

Botones, hilo, papel, etc.

Rotuladores

✳ Coloca el vaso de papel en el dedo de tu hijo.

✳ Practica un orificio en el vaso suficientemente grande para que tu hijo pueda poner el dedo dentro. Será la nariz de la marioneta.

✳ Utiliza los botones, el hilo, los papeles, etc. Para hacer las demás características del títere. También se las podéis dibujar con los rotuladores.

✳ Para diseñar ropas para el títere, haz tres orificios en un trozo de ropa suficientemente grandes para meter el dedo pulgar del niño, el índice y el corazón. Colócale la ropa en la mano y estira el dedo índice hasta el vaso para que haga de nariz. Los dedos pulgar y corazón serán las manos de la marioneta.

Marionetas con calcetín

NECESITAS:

Calcetines

Botones, papel, hilo, etc.

Pegamento

✳ Muéstrale a tu hijo cómo poner la mano dentro de un calcetín, con los nudillos en el talón.

✳ Haz la boca doblando el dedo pulgar hacia los nudillos.

✳ Cose o pega los materiales para simular la nariz, los ojos y el pelo. Asegúrate de dejar que el pegamento se seque antes de que el niño utilice la marioneta.

Marionetas con bolas

NECESITAS:

Bolas de algodón

Pañuelo, fieltro u otro tejido

Hilo o limpiapipas

Palo de helado o lapicero sin punta

Pedazos de papel, botones

Pegamento

Rotuladores

* Cubre unas cuantas bolas de algodón con un pañuelo, fieltro u otro tejido.

* Ata el material por debajo de la bola con hilo para simular el cuello. Átalo flojo para que tu hijo pueda deslizar el dedo en el interior de la bola o meterle un palo de helado.

* Haz que tu hijo dibuje las características faciales del títere con un rotulador o recorta trozos de papel y pégalos o cóselos a la bola para simular los rasgos de la cara.

* A algunos niños les gusta hacer dos o tres títeres para fingir que hablan entre ellos.

Los juegos de simulación con marionetas a menudo constituyen una buena forma para los niños de hablar de las cosas que les preocupan. Permiten que las marionetas hagan y digan cosas que ellos nunca harían ni dirían. Detrás de esta máscara, pueden poner a prueba sus sentimientos y reacciones. Tanto si se trata de marionetas como de otro tipo de cosas, todo lo que tú y tu hijo creéis juntos adquiere más significado porque el niño lo asocia con vuestra relación.

Marionetas con cajas

NECESITAS:

Caja pequeña vacía (de flan,
    de cereales para el desayuno
    individuales, etc.)
Cuchillo o tijeras
Cinta adhesiva
Cartulina
Pedazos de materiales diversos (bolitas
    de algodón, botones, hilo, etc.)
Rotuladores
Pegamento

✳ Si abriste la caja por la solapa superior, ciérrala de nuevo con un poco de cinta adhesiva. A continuación, recorta tres lados de la caja por la mitad.

✳ Dobla la cuarta cara de la caja para hacer una bisagra que parezca la boca.

✳ Muéstrale a tu hijo que sus dedos van a ir en la parte superior de la caja y colócale el dedo pulgar en la parte inferior de modo que pueda abrir y cerrar la supuesta boca.

✳ Haz que tu hijo cubra la caja con trozos de cartulina y engancha con el pegamento los pedazos de materiales para simular la cara, el pelo y la boca.

A los niños pequeños les fascinan las marionetas con boca porque de esta forma las pueden utilizar para pretender que hablan, así como que muerden o que se comen a la gente. Una de las tareas más importantes del proceso de crecimiento de un niño es aprender a utilizar los dientes para masticar alimentos, no para morder a otras personas. La mayoría de los niños pequeños se lo pasan mal cuando tienen ganas de morder, pero poco a poco pueden ir reprimiendo este impulso, y una buena manera de hacerlo es expresarlos a través de una marioneta.

Ayudar

Trabajar la responsabilidad

Un día, el correo del programa *Neighborhood* contenía una deliciosa sorpresa: un paquete de mensajes de la clase de preescolar. La maestra les había pedido a los niños que dibujasen y hablasen acerca de aquellas cosas que les hacían sentirse felices y aquellas que les entristecían. Les dijo que me había mandado los mensajes.

Entre ellos encontré este pequeño tesoro de una niña que decía: «Me siento feliz cuando le acerco a mamá el papel higiénico cuando lo pide a gritos desde el cuarto de baño». No importaba por qué estaba feliz, simplemente se la requería para hacer algo que ella se veía capaz de llevar a cabo, y algo que su madre obviamente apreciaba.

Cuando los niños se dan cuenta de que su ayuda es importante, se sienten valorados y, naturalmente, querrán hacer cosas por nosotros y por los demás en el futuro.

Tener responsabilidades

Cuando los bebés son muy pequeños, todas sus necesidades dependen de nosotros. Somos los «ayudantes». Después, llega un momento, normalmente en la edad preescolar, en que los niños cogen la cuchara para comer solitos o insisten en vestirse ellos mismos. «¡Yo solito!» La comida va a parar a todas partes menos a la boca. Se pone la camiseta al revés, los pantalones girados, los calcetines colgando de los zapatos, etc., pero se sienten orgullosos porque se pueden cuidar ellos solos, ¡no importa lo malos que sean sus intentos!

Si les animas, poco a poco se van volviendo más responsables de ellos mismos. Pueden empezar recogiendo la ropa u ordenando los juguetes. También pueden realizar tareas sencillas en el hogar para ayudar a toda la familia.

Es susceptible de despertar sentimientos muy positivos el saber que no únicamente los adultos son los «ayudantes», sino que los niños pueden también serlo.

Sentirse mayor

Cuando los niños hacen cosas de mayores, como poner la mesa, separar la colada o aspirar el suelo, se sienten más mayores.

En el largo camino hacia la independencia, necesitan estos pequeños pasos para sentirse competentes, capaces y tener más confianza en sí mismos. ¡Qué sentimientos tan positivos se despiertan en los niños cuando descubren que están realizando algo útil y contribuyendo a su manera con la familia.

Trabajar contigo

No podemos esperar que los niños pequeños hagan muchas cosas por sí mismos, especialmente cuando se trata de quehaceres domésticos. Requieren de la ayuda adulta por razones de seguridad y porque los preescolares poseen capacidades limitadas. Si trabajáis juntos, habrás ganado un magnífico ayudante y tu hijo habrá ganado este sentimiento tan bueno que le proporciona trabajar a tu lado.

Además, durante el tiempo que estéis trabajando juntos, aprenderás muchas cosas relativas a tu hijo.

¿Sabes qué más puede suceder cuando los adultos emprendemos actividades, como las que se muestran en este capítulo, para colmar de sentimientos de utilidad en el hogar los juegos de nuestros hijos? Podemos redescubrir mucho más de este pequeño que tenemos a nuestro lado y ver como el juego se transforma en tareas importantes para nuestras vidas.

Emparejar la colada

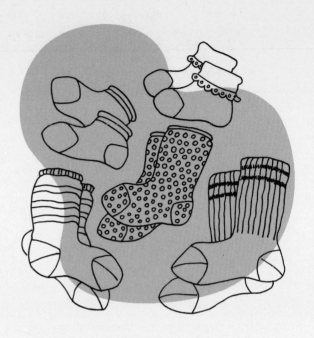

Cada vez que haces la colada es un momento ideal para jugar a clasificar y emparejar con tu hijo.

NECESITAS:

Colada

✳ Muestra a tu hijo cómo separas la colada antes de ponerla en la lavadora. ¿Puede el pequeño separar las piezas blancas de las de color o de las oscuras? ¿Puede separar las cosas delicadas de las cosas resistentes?

✳ Después de hacer la colada, muéstrale que la ropa debe ser separada de nuevo, pero de manera distinta, una vez lavada. Por ejemplo, las camisetas blancas deben separarse según su tamaño.

✳ ¿Puede el niño emparejar los calcetines?

✳ Pide a tu hijo que coloque cada montón de ropa en la habitación de su «dueño».

TU HIJO DESARROLLA:

Responsabilidad

Clasificar

Reconocer las semejanzas y las diferencias

A medida que lo preescolares se van viendo expuestos a más cosas, gente y experiencias, intentan darle sentido al mundo que les rodea organizando las cosas en categorías. En este momento de sus vidas, los juegos de emparejar y clasificar pueden resultar especialmente atrayentes.

La limpieza mágica

Te mostramos una manera de poner un poco de diversión en la hora de la limpieza y de hacerla más llevadera.

NECESITAS:
Trozos de papel o tarjetitas
Lapicero o bolígrafo
Música (opcional)

✳ Es natural que los niños pequeños se sientan agobiados cuando se les pide que limpien su habitación. A veces, una tarea se hace más llevadera cuando se divide en partes pequeñas. Invita a tu hijo a ayudarte a realizar una lista de tareas que deben llevarse a cabo para ordenar y limpiar la habitación. Aquí tienes algunas ideas:

  Recoger los libros
  Estirar la manta y las sábanas
  Poner la ropa sucia en el cesto para
    la ropa sucia
  Colocar los juguetes en su sito

✳ Escribe cada tarea en un trozo de papel diferente o en una tarjetita.

✳ Coloca los papeles boca abajo en una mesa. Puedes hacer un ruido y a continuación pedirle a tu hijo que elija una tarjetita.

✳ Lee la elección en voz alta. Por ejemplo, «Coloca los libros en la estantería». Observa como tu hijo hace «desaparecer» los libros del suelo.

✳ Cuando vaya terminando de hacer cada una de las tareas, pídele que coja otra tarjeta. Escoge también un papel para ti.

✳ Otra buena idea sería poner música y ayudar a tu hijo a ordenar las cosas al ritmo de la música.

TU HIJO DESARROLLA:
Responsabilidad
Dividir las tareas en partes pequeñas

> Los niños se pueden preocupar si creen que esperas que lo limpien todo ellos solos. Si le ayudas, haciendo una tareas mientras el niño hace otra, el tiempo pasará más deprisa y os divertiréis juntos.

    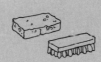

El libro de los cupones regalo

Los niños pueden prestar ayuda tan bien como la reciben. Incluso los más pequeños pueden hacer cosas útiles en la familia.

NECESITAS:

Varias hojas de papel

Tijeras de punta roma

Rotuladores o tizas

Grapadora

✱ Para empezar, corta cada hoja de papel por la mitad. Ahora tienes cupones o boletos en blanco.

✱ Insta a tu hijo a ofrecerte ideas sobre en qué formas puede ayudar a la familia. Tú o tu hijo podéis escribir cada idea en un cupón. Quizá el niño prefiera hacer un dibujo de cada tarea. He aquí algunas sugerencias:

> Juega en silencio para que papá o mamá pueda gozar de unos momentos de tranquilidad
>
> Abraza a alguien
>
> Clasifica los calcetines de la colada
>
> Coloca las servilletas en la mesa para la comida

✱ Grapa los cupones y deja que tu hijo guarde el libro de cupones. En ocasiones especiales, como cumpleaños o vacaciones, o sencillamente cualquier día, tu hijo podrá regalar uno de los boletos a la familia.

TU HIJO DESARROLLA:

Responsabilidad

Capacidad de leer y escribir

Creatividad

> **Si prestamos ayuda, recibimos ayuda, sin importar lo mayores o jóvenes que seamos. Cuando trabajes con tu hijo en la confección de los cupones, querrás aportar algo. Puedes incluir en el libro de los cupones cosas del tipo: tiempo con papá o mamá, comprar un helado o una friega en la espalda.**

Limpieza de juguetes

Convierte un quehacer doméstico en un juego en el agua irresistiblemente divertido.

NECESITAS:

2 palanganas de plástico

Agua y jabón

Tapete de plástico (opcional)

Toallas

Trapos o esponjas

Cepillos de dientes viejos o cepillos
  para la ropa

Juguetes que se puedan mojar

❋ Llena dos palanganas de agua. Añade jabón a una de las palanganas; la otra servirá para aclarar. Coloca las palanganas encima de un tapete de plástico o de una toalla en el suelo de la cocina, en la bañera o en el fregadero. Si el tiempo lo permite, puedes hacer la actividad al aire libre. Extiende una toalla para poder colocar los juguetes mojados y dejarlos secar.

❋ Muestra a tu hijo cómo debe lavar los juguetes en el agua enjabonada y, a continuación, cómo se aclaran en la palangana que sólo contiene agua.

❋ Si quieres puedes cantarle la canción folclórica infantil: «Así lavaba, así, así, así lavaba, así, así...». Puedes cambiar las palabras a tu gusto.

TU HIJO DESARROLLA:

Responsabilidad

Independencia

> Jugar con el agua es muy atrayente para la mayoría de los niños. Quizá les resulte atractivo porque no presiona al niño a hacer algo. Incluso puede resultar útil para que se empiecen a acostumbrar a utilizar el inodoro porque aprenden a controlar los fluidos de su cuerpo.

¿Cuál es tu trabajo?

Convierte los quehaceres domésticos diarios en un juego y diviértete trabajando.

NECESITAS:

Trozo grande de cartulina o papel

Molinete (véanse instrucciones
    en la página 18)

Etiquetas con nombres

Cinta adhesiva

✳ En el papel o cartulina, haz una lista de los trabajos que debe desempeñar cada miembro de la familia. Coloca la lista en un lugar donde todos podáis verla. Incluso un preescolar puede ayudar en tareas como:

> Pasar un trapo por la mesa
>
> Colocar las servilletas o los cubiertos en la mesa
>
> Regar las plantas
>
> Recoger los juguetes
>
> Ayudar a limpiar el coche
>
> Barrer la alfombra

✳ Detrás de cada tarea, escribe un número que corresponde a los números del molinete. En la lista de tareas, pega al lado de cada uno el nombre de la persona que debe realizarla.

✳ Recuerda que, cuando elogias a tu hijo por ser útil, le estás ayudando a sentirse orgulloso por tener responsabilidades.

TU HIJO DESARROLLA:

Responsabilidad

Capacidad de leer y escribir

Reconocer los números

  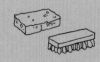

El batido

Los batidos acostumbran a estar hechos con aparatos, pero también se pueden hacer a mano. Deja que tu hijo te ayude. ¡El resultado estará de rechupete!

NECESITAS:

Jarra de plástico o envase
   con una tapadera segura
Vasos de plástico o de papel
Paja
Ingredientes:
   ¾ de bola de helado (más cantidad
      si deseas un batido muy espeso)
   1 vaso de leche
Te saldrán aproximadamente 2 vasos
   de batido

TU HIJO DESARROLLA:

Aprecio por el valor del trabajo
Conciencia de la ciencia (cómo los sólidos
   pueden transformarse en líquidos)
Medir

✳ Pon la bola de helado en la jarra o el envase de plástico. Agrega la leche.

✳ Asegúrate de que la tapadera está bien colocada. Deja que tu hijo agite el envase hasta que el helado se haya disuelto por completo.

✳ Vierte el batido en los vasos y disfruta de algo que habéis hecho juntos.

> **Cuando prepares un tentempié o una merienda, piensa en las partes de la tarea que tu hijo sería capaz de hacer. Invítale a ser el «ayudante del chef», le hará sentirse orgulloso de sí mismo. Además, estará más predispuesto a probar nuevos sabores ya que habrá participado en el proceso de elaboración.**

El restaurante

Deja que tu hijo te ayude a convertir una comida cualquiera en algo especial. Aquí tienes una idea excelente para una noche especial o para un día que tu hijo tenga un amigo invitado a comer.

NECESITAS:

Menús escritos en un papel

Bloc de notas y un lápiz

Sombrero de cocinero (véase la página 35)

Bandeja

Dinero o tarjetas de crédito de juguete

❋ Decide qué comida vais a servir. A continuación, escribe con los niños el menú. Si tienes un niño muy pequeño, probablemente tendrás que escribirlo tú o dejar que dibuje los alimentos.

❋ Habla con los niños acerca de los trabajos que deben llevarse a cabo en un restaurante. Invítales a escoger uno. Alguien tendrá que desempeñar más de una tarea, como en los restaurantes de verdad. Los puestos pueden ser:

Camarero/ Camarera (sirve los menús y coge las órdenes)

Ayudante de camarero (pone y saca la mesa)

Chef (hace la comida)

Cajero (trae la cuenta, devuelve el cambio)

❋ Además de proporcionar a los niños una forma divertida de involucrarse en la preparación de una comida y en la limpieza que conlleva, les estás brindando la oportunidad de meterse en distintos papeles y ver las cosas desde una perspectiva diferente.

TU HIJO DESARROLLA:

Responsabilidad

Cooperación

Aptitudes para el teatro

Capacidad de leer y escribir

Imaginación

> **Si has escrito tú los menús, el niño lee aunque sólo reconozca la primera letra de la palabra. «Leer» dibujos en un menú es también un paso importante hacia la lectura de palabras.**

Personas que ayudan en el barrio

Ayudar no es únicamente algo que hacemos en casa. Hay mucha gente que ejerce distintos trabajos que ayudan al vecindario o a la ciudad entera.

NECESITAS:

Revistas o periódicos

Tijeras de punta roma

Pegamento

Papel blanco

Grapadora

* Haz que tu hijo ojee algunas revistas y/o periódicos y dile que busque fotografías de personajes que sirvan a la comunidad.

    Empleado de oficina

    Cartero

    Conductor de camión

    Doctor, dentista, enfermero

    Camarero, camarera o cocinero

* Pega las fotografías en los papeles blancos y escribe los nombres de los oficios a su lado.

* Grapa las páginas y habrás hecho un libro.

TU HIJO DESARROLLA:

Aprecio por la gente que ayuda

Aprender acerca de diferentes oficios

Capacidad para leer y escribir

Destreza

> **Cuando los niños aprenden que todos los trabajos son importantes, ganan aprecio para todas las personas y valoran todo tipo de trabajo. Asimismo, puede que se sientan más seguros si saben que existen muchas personas que les cuidan a ellos y a sus familias.**

Cosas que. Funcionan

Diseñar cosas para jugar

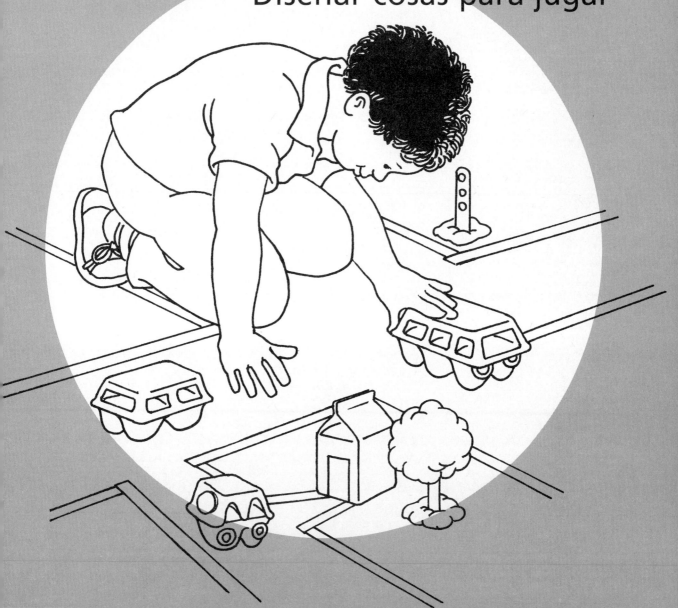

Tengo un amigo con un niño de tres años loco por los camiones. «¡Camiones! Es de lo único que habla David, día y noche», me dijo su madre. «Cuando miramos un libro, sólo le interesa si hay o no un camión en esa página, incluso si se trata de un juguete despedazado en el suelo. A la hora de acostarse, no se va a la cama sin antes haber recitado una lista de todos los camiones que ha visto durante el día. Parece que tan sólo piensa en camiones.»

Diversión en movimiento

Los niños y las niñas pueden quedar medio hipnotizados cuando ven cosas que se mueven. Una atracción hacia los coches, los camiones, los autobuses y los trenes empieza en el mismo momento en que los niños empiezan a gatear o a caminar. Están tan rabiosamente involucrados en aprender acerca de lo que les rodea que pueden verse cautivados por cualquier cosa que les sugiera movimiento, o por cualquier cosa que puedan mover por el suelo o encima de la mesa.

Muchos vehículos van deprisa, tanto si funcionan sobre ruedas como si vuelan o se desplazan por el agua, ¡y se mueven con tanta facilidad! ¡Qué fabuloso es jugar con ellos!, especialmente para los niños que aún están aprendiendo a caminar o a correr, o que se caen y se levantan una y otra vez.

Sentirse poderoso

Los vehículos poderosos, como los trenes, los camiones y los vehículos de construcción son impresionantes para un niño a medida que se va dando cuenta de que no es el centro del universo. No tienen control cuando comen, ni sobre cuánto rato podrán estar en el parque, ni acerca de la hora de acostarse; otras personas toman estas decisiones. Los niños pueden sentirse muy cómodos encargándose de cosas para jugar que son símbolos de poder, tales como los camiones, autobuses, trenes, aviones y excavadoras.

Desarrollar autocontrol

Con la velocidad que son capaces de coger, los vehículos deben conducirse con precaución. Los trenes necesitan raíles;

los coches y los autocares requieren carreteras. Cuando los niños juegan con vehículos de juguete, los controlan, es decir, tienen la capacidad para ponerlos en marcha y detenerlos. Detener un coche puede ser una forma divertida de aprender autocontrol. He visto a niños cerrar con llave sus coches en garajes (hechos de cartón), quizá una manera simbólica de mantener sus urgencias negativas encerradas.

Enfrentarse a los sentimientos

Cuando los niños están enfadados, frustrados o no están de acuerdo con algo, puedes encontrarles haciendo chocar sus vehículos. Aunque parezca un juego violento y puede incomodar a algunos adultos, puede ser también un modo saluda-

ble de agredir objetos inanimados en lugar de personas.

Ir y venir

Conozco a una niña que solía utilizar un coche de juguete como ayuda cuando se sentía sola o triste. Se deslizaba el coche por sus brazos, lo hacía subir hasta la cabeza y le decía «¡Adiós! Me voy», lo bajaba de nuevo y decía «Ya estoy en casa».

Jugar con vehículos, que se llevan y traen personas, es un modo de expresar miedos infantiles como el de la separación de las personas que aman. Hacer que coches de juguete, camiones, barcos o aviones se vayan y vuelvan brinda a los niños la oportunidad de trabajar algún aspecto de sus sentimientos de separación. Además, en sus juegos, ellos tienen el poder de decidir quién, cómo y cuándo se va o vuelve. Los coches, los barcos y los aviones pueden contribuir a un crecimiento sano.

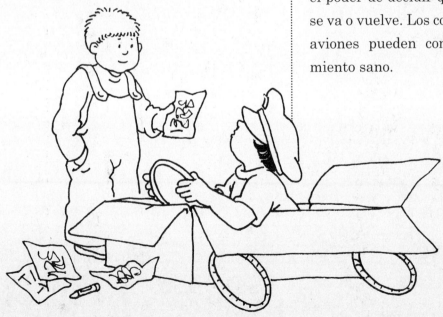

Coches huevera

Convierte una huevera de cartón vacía en un coche y conduce por la habitación.

NECESITAS:

Tijeras de punta roma

Huevera de cartón

Bolsa de basura con cierre fácil

Pegamento

Caja de cartón (opcional para simular el garaje)

Envoltorio de plástico (opcional)

✳ Corta los extremos de la huevera de forma que queden cuatro espacios para huevos para poner las ruedas del coche. En un lateral, habrá una bisagra para que la parte superior del coche se abra y se cierre.

✳ A continuación, corta ventanas en los cuatro lado. Coloca envoltorios de plástico en las ventanas y en el parabrisas.

✳ Añade un mensaje de seguridad: pon cinturones de seguridad al coche. Haz pequeños cortes en los asientos de los pasajeros y coloca las cintas del cierre de las bolsas de basura.

✳ Con la cinta de bolsa de basura sobrante, fabrica picaportes para las puertas.

✳ Utiliza un rotulador de punta gruesa para dibujar los faros delanteros, las luces de freno en la parte posterior y las llantas de las ruedas.

✳ Una caja de cartón puede ser el garaje.

TU HIJO DESARROLLA:

Seguir instrucciones

Simulación

Destreza

Imaginación

¡A rodar!

¿Qué tipo de cosas pueden rodar? Las ruedas, las canicas, las pelotas... ¡y los niños!

NECESITAS:
Manta (opcional)
Pendiente (opcional)

Si bien a algunos niños les encanta la sensación de libertad que produce dejarse caer rodando por una pequeña pendiente, a otros puede no gustarles. Tal vez prefieran hacer rodar algún objeto, como un coche de juguete, por ejemplo.

* Los niños pueden rodar de forma segura si cruzan los brazos delante del pecho y ruedan de un extremo a otro de una manta o de cualquier tipo de mueble de la casa.

* Si las temperaturas lo permiten, el niño puede bajar rodando una pequeña ladera.

TU HIJO DESARROLLA:
Coordinación
Observación de los principios físicos

Sigue el camino

Dibuja caminos y calles en una bolsa de papel o en una sábana vieja y tendrás un magnífico sitio para jugar con vehículos. Además podréis practicar el hecho de no salirse de los límites. Mantener las excavadoras en los caminos y los coches en la carretera puede ayudar a los niños a desarrollar autocontrol.

NECESITAS:

Varias bolsas de papel para la compra
   o sábanas viejas
Cinta aislante
Rotuladores
Coches de juguete, o hechos en casa
Cajas para simular los autobuses
   y los camiones

✳ Para hacer un tapete grande para jugar con vehículos, junta diversas bolsas de la compra de papel o extiende una sábana vieja en el suelo. Dibuja un escenario de senderos y carreteras. Los niños más mayores pueden hacer los dibujos ellos mismos.

✳ Haz que tu hijo «conduzca» por el tapete con sus coches y camiones de juguete. Recuérdale que debe mantener los vehículos en los límites de las carreteras y los caminos, como hacen las personas cuando conducen coches reales.

TU HIJO DESARROLLA:

Autocontrol
Coordinación
Simulación

Esta actividad es muy útil para vencer las peleas que puedan acontecer porque los niños no quieran seguir las normas de la casa, de la guardería, del parvulario o de la escuela. Se trata de un ejercicio que supone también una forma divertida de usar los dedos para no salirse de los límites, una habilidad importante para aprender a escribir.

Construir un barrio

Tú y tu hijo podéis divertiros mucho construyendo un barrio entero alrededor de los caminos y de las carreteras que habéis dibujado en la actividad anterior. Te proponemos algunas cosas que te ayudarán a diseñar el vecindario.

* **Edificios:** Utiliza envases de leche o de cereales cubiertos con cartulina. Añade las puertas y las ventanas; las puedes dibujar o pegar cuadraditos de papel.

* **Túneles y puentes:** Corta frascos de harina por la mitad (a lo largo) y colócalos en el tapete para simular túneles. Las cajas de cartón también pueden usarse como puentes.

* **Semáforos:** Pega 3 círculos (rojo, ámbar y verde) en palos de helado. Coloca los semáforos en bases de arcilla para que se sostengan (véase la página 92).

* **Señales de Stop:** Corta varios octágonos de una cartulina y escribe la palabra STOP en cada uno de ellos. Pégalos en palos de helado y sosténlos en bases de arcilla. Colócalos en las intersecciones.

* **Extintores:** Pinta varios corchos de color rojo y pégalos en las zonas peatonales y en las aceras.

* **Buzón:** Coloca una caja de cerillas de cocina grande en el tapete. Ábrela un poquito a fin de que simule la abertura para echar las cartas.

* **Arbustos:** Pinta de verde algunas bolitas de algodón. Estira un poco cada bolita para que simule ramas y hojas. Colócales bases de arcilla. Véase la página 92.

TU HIJO DESARROLLA:

Creatividad

Destreza

Imaginación

Ingenio (encontrar nuevas utilidades a las cosas)

¡Todos a bordo!

Pon un poco de imaginación en las sillas de la cocina y tendrás los ingredientes que necesitas para un viaje imaginario.

NECESITAS:
Sillas
«Billetes» de cartulina
Cinturones

* Deja que tu hijo alinee las sillas por parejas o bien en filas. Los amigos o los miembros de las familia pueden fingir que compran los billetes (imaginarios) hechos con cartulina para conseguir un pasaje.

* Abrochaos los cinturones de seguridad. Coged cinturones y enrolladlos en las sillas con el cierre en la parte delantera.

* Si eres una de las pasajeras, puedes simular que miras por la ventana y hablar de lo que ves. Puedes estimular la imaginación de tu hijo diciendo cosas como: «Mira, tenemos un camión enorme a nuestro lado. ¿Qué crees que transporta?» o «Esta mujer va vestida de etiqueta. ¿Adónde crees que se dirige?».

TU HIJO DESARROLLA:
Control y sensación de poder
Afrontar la separación y el retorno
Simulación
Imaginación

> **Los niños a veces se sienten abandonados cuando sus mayores favoritos se van en coche o en avión. Antes de partir, o de regresar de algún sitio, puede que al niño le guste jugar a *¡Todos a bordo!* para controlar quién tiene billete y quién se queda con él.**

La barquita

Cualquier tipo de juego en el agua atrae a la mayoría de los niños.

NECESITAS:

Tijeras de punta roma

Cartones de leche

Papel fino

Paja o palito

Plastilina o arcilla (véase la página 92)

Fregadero, bañera, palangana o piscina
   de plástico para exteriores con agua

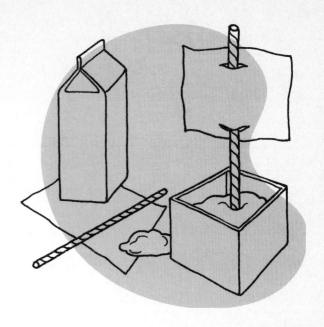

* Para fabricar la barca, corta el envase de leche de forma que tenga unos 8 cm de altura.

* Pega el papel al palito o a la pajita. A continuación, proporciónale una base de arcilla o de plastilina y colócalo dentro de la «barca».

* Ya tienes el barco listo para zarpar. Muéstrale a tu hijo cómo soplar la vela y observad cómo se mueve por el agua. Puedes conversar con tu hijo sobre los barcos de verdad y lo que les hace moverse.

TU HIJO DESARROLLA:

Conciencia de la ciencia (aprende los principios físicos del viento)

Aprender sobre las causas y los efectos

Autocontrol

> Los niños aprenden enseguida que el barco puede volcar si soplan demasiado fuerte, así que tienen que utilizar su autocontrol cuando soplan.

Un barco con un globo

Te proponemos un poderosos barco que funciona con el aire de un globo.

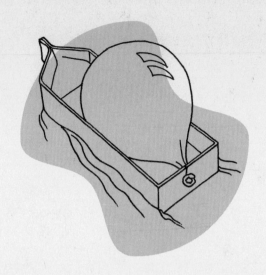

NECESITAS:

Cartón pequeño de leche
Tijeras de punta roma
Globo

✳ Abate el envase de leche con la solapa de apertura hacia arriba. Córtala por la mitad, a lo largo, para conseguir un casco robusto.

✳ Realiza un pequeño orificio en la «popa». El tamaño de este orificio determinará la velocidad del barco y lo lejos que viajará.

✳ Efectúa un pequeño corte del orificio hasta el borde del envase, hacia arriba.

✳ Infla un globo y estira la apertura. Bájalo por el corte hasta alcanzar el orificio con el globo en el interior del envase de leche.

✳ Sujeta la abertura del globo en la parte exterior de la popa del barco. Cuando estés preparado, déjalo ir.

✳ Si lo prefieres, tu hijo y tu podéis probar con variantes diversas de este juego, utilizando envases de distintos tamaños o alterando el tamaño del orificio de la popa. ¿Puede tu hijo adivinar cuál de las variantes correrá más o llegará más lejos? A través de la experiencia, encontrarás el barco que mejor funciona.

TU HIJO DESARROLLA:

Conciencia de la ciencia (aprende acerca de los principios físicos del viento)
Conocimientos sobre las causas y los efectos
Destreza

Un barco con un plátano

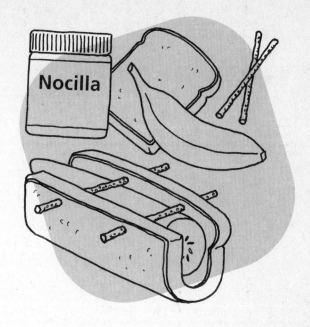

La mayoría de las actividades requieren la supervisión adulta para cortar o cocer. Ésta es una de las pocas que los niños pueden llevar a cabo solitos en la cocina.

NECESITAS:

Rebanada de pan

Nocilla

½ plátano

2 bastoncillos de pan

* Unta la rebanada de pan con nocilla.
* Coloca la mitad de un plátano en el pan.
* Dobla el pan por la mitad para construir el «barco».
* Introduce dos bastoncillos de pan por los laterales del pan, a modo de remos, para sostener el pan en posición de casco de bote.

TU HIJO DESARROLLA:

Destreza

Simulación

Elecciones de comida sana

Rema, rema, rema tu barca...

La popular canción «Al pasar la barca, me dijo el barquero, las niñas bonitas, no pagan dinero...» puede ser el acompañamiento ideal para este ejercicio. Se trata de simular que el niño rema una barca. Esta actividad le proporciona control muscular y una manera ideal de divertirse con las palabras.

NECESITAS:
Silla, manta o alfombra

✳ Muestra a tu hijo los movimientos necesarios para remar. Puedes sentarte en una silla, en una manta o en una alfombra. Fingid que estáis remando mientras cantáis: «Al pasar la barca, me dijo el barquero, las niñas bonitas, no pagan dinero, yo no soy bonita...»

✳ Ve haciendo variaciones. Primero remad poco a poco. Después cada vez más deprisa, más despacio, más deprisa, etc.

TU HIJO DESARROLLA:
Coordinación
Ritmo
Autocontrol
Lenguaje

Una vez que los niños llegan a dominar el lenguaje, suele gustarles «jugar» con él utilizando grandes palabras o incluso otras inventadas por ellos. Tal vez desees recurrir a ese tipo de términos en la conversación cotidiana con tu hijo, preguntándole, por ejemplo: «¿Te apetece un vaso de solución líquida?» o «Me siento extasiado ante lo que acabas de hacer».

Paracaidismo

Las cosas que flotan o que vuelan se mueven sin ningún esfuerzo. No es raro que los muchachos se sientan cautivados por ellas.

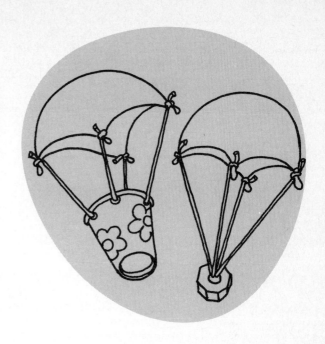

NECESITAS:

Pañuelo o trozo cuadrado de tela

Cuerda (para cada paracaídas, trozos de 10 a 20 cm)

Vasos de papel pequeños

Lápiz

* Para construir el paracaídas, ata cada trozo de cuerda en una esquina de un pañuelo o un trozo de tela.

* Con un lápiz, realiza cuatro orificios en el borde del vaso de papel e introduce y ata los otros extremos de las cuerdas.

* El niño puede poner personas o animales de juguete en el vaso. Los pasajeros constituirán el peso necesario para que el paracaídas pueda volar correctamente.

* Lanza el paracaídas al aire y observa cómo se abre y vuela.

TU HIJO DESARROLLA:

Conciencia de la ciencia (aprender sobre el movimiento de las cosas en el aire)

Seguir instrucciones

Simulación

Juego
de memoria

Para este juego de memoria, utiliza algunos de los juguetes de tu hijo. El juego y el aprendizaje van juntos muchas veces.

NECESITAS:
Coches u otros vehículos de juguete
Mantel o toalla

✳ Coloca 3 o 5 (depende del nivel de memoria de tu hijo) vehículos de juguete encima de un mantel o de una toalla. Tu hijo debe recordar los juguetes. Mientras los colocas encima de la mesa, ve describiéndolos.

✳ Dale un poco de tiempo para que observe los juguetes con atención.

✳ Haz que el niño se vuelva de espaldas y esconde uno de los vehículos.

✳ Cuando estés lista, dile que se gire y que te diga qué juguete falta.

✳ Si no puede recordar qué juguete falta, haz que se vuelva a girar y colócalo de nuevo en el mantel. A continuación, intenta que identifique el juguete que has restablecido.

✳ Podéis hacer turnos de modo que él también pueda escoger qué juguete desea esconder.

TU HIJO DESARROLLA:
Memoria
Habilidad de observación

¡Vámonos!

Una caja de cartón puede ser el punto de partida de muchos juegos imaginativos. Deja que tu hijo se siente dentro de la caja, y observa el despegue.

NECESITAS:

Caja de cartón suficientemente grande para que tu hijo se siente en ella

Cartulina

Cinta adhesiva

Rotuladores

Molde para pasteles (opcional para simular el volante)

Papel de aluminio (opcional)

✳ Una caja puede convertirse en un avión si le pegas alas. Ayuda a tu hijo a dibujar los indicadores en la parte interior delantera.

✳ Para que la caja simule un coche, lo único que necesita son faros, que se pueden realizar con moldes para pasteles o con papel de aluminio, y un volante hecho de un círculo de papel o de un molde de pasteles.

✳ Con escobas o troncos del jardín, ¡la caja se transforma en un barco!

✳ Si piensas que tu hijo necesita ayuda para implicarse plenamente en el juego, prueba con preguntas del tipo:

¿Dónde vas?

¿Quién estará allí?

¿Qué vas a ver allí?

TU HIJO DESARROLLA:

Aptitudes para el teatro

Creatividad

Simulación

Sentimientos

Encontrar formas de expresar
todo tipo de sentimientos

Cuando veo a los niños haciendo dibujos iracundos, bailando danzas dichosos, componiendo canciones tristes o «domando» títeres que les dan miedo, estoy viendo la infancia en su estado más saludable, ya que éstos son los modos que tienen los niños de expresar sus sentimientos.

Encontré un «escape» que me funcionaba muy bien a muy temprana edad. Cuando tenía cuatro años, mis padres me dijeron que podía escoger lo que quisiera de un catálogo de juguetes. Sería mi regalo de cumpleaños. Cuando vi aquel piano de juguete en las páginas del catálogo, pensé que tenía que ser para mí. Quizá mi interés por la música procediera de escuchar a mi padre tocar el violín, o puede que fuera de ver el placer que les proporcionaba a mis padres y a mis abuelos cantar nanas y escuchar música.

La música se convirtió pronto en un modo de expresar quién era yo. Cuando estaba enfadado, mi familia no me permitía tener una rabieta pero me animaban a expresar mis sentimientos tocando el piano. Fue cuando descubrí el poder real que podía tener la música. Empecé golpeando notas sin ton ni son. A medida que iba tocando, mi música se iba volviendo cada vez más tranquila, y yo también me calmé. Puede que aquel piano me ahorrase muchos problemas. Todavía hoy, puedo reír y llorar y expresar mi enfado a través de mis dedos cuando tocan el piano.

Los sentimientos constituyen una parte de la vida humana, y cuando animamos a los niños a hablar de los suyos, les estamos ayudando a encontrar formas constructivas de expresarse, maneras que no les van a herir ni a ellos ni a los demás.

Hablar de los sentimientos

Todo lo que se puede expresar verbalmente es más soportable, pero los niños pequeños tienen problemas para manifestar lo que sienten. Muchos de ellos no manejan el vocabulario de forma correcta aún. En ocasiones, los senti-

mientos están revueltos dentro de uno mismo y resulta difícil clasificarlos y explicarlos. Mediante el juego, podemos invitar a los niños a expresar sus sentimientos con palabras.

Ser capaz de utilizar palabras para describir sus sentimientos les proporciona poder sobre las emociones. Identificar los sentimientos con palabras les ayuda a sentirse menos asustados, agobiados o enojados. Además, cuando los niños pueden hablar abiertamente sobre sus sentimientos con un receptor cariñoso, descubren que sus emociones son normales y naturales y que los demás se han sentido así alguna vez también.

Desarrollar autocontrol

El autocontrol se va forjando poco a poco y requiere de un proceso largo en el tiempo. Algunas de las actividades de este capítulo permitirán a tu hijo practicar el autocontrol para resguardarse de herir a alguien y para experimentar los sentimientos positivos que le proporciona el hecho de controlar sus actos.

Encontrar evasiones para los sentimientos

¿Te has dado cuenta de que cuando estás enfadada o preocupada te pones tensa? Hay mucha energía física en los sentimientos. Cuando los niños disponen de escapes saludables para sus sentimientos negativos, tienen formas de liberarse de la energía que les está invadiendo.

Lo que funciona como evasión para un niño, no tiene porque irle bien a otro. Puede que pase mucho tiempo hasta que el niño encuentre sus formas de expresión. Por esta razón os proponemos actividades distintas (música, pintura, trabajos con arcilla, actividades físicas, etc.) para que los niños descubran las cosas que a ellos les funcionan.

El juego de las estatuas

Combina la música con el juego de las estatuas para proporcionarle a tu hijo una forma animada de practicar autocontrol.

NECESITAS:

Música de la radio o de una cinta
   de casete

* Busca una música adecuada para marchar.

* Dile a tu hijo que escuche la música y que marche cuando la música esté puesta y se detenga cuando la música se pare.

* Cuando tu hijo aprenda el juego tendrás una oportunidad de oro para decirle: «Mira, puedes controlarte, ¡muy bien!».

* Recuerda que es difícil calmarse tras una actividad ajetreada; es una buena idea jugar pausadamente y con música suave par ayudar a tu hijo a calmarse gradualmente.

TU HIJO DESARROLLA:

Autocontrol
Habilidades auditivas
Coordinación

La mayoría de los niños tienen problemas en detenerse cuando para la música. Todavía es más difícil para ellos controlar sus manos y no pegar cuando están enojados. Con el tiempo, tu hijo irá mejorando en el Juego de la estatua y las habilidades que aprenda se harán extensivas a aquellas situaciones de su vida que requieran autocontrol. Cuando veas que hay progreso, vas a estar orgulloso de él. En los programas *Neighborhood* a eso lo llamamos «crecimiento interior».

Caras en galletas de arroz

Las galletas de arroz inflado constituyen una base ideal para mostrar diferentes emociones y generar charlas sanas sobre sentimientos.

NECESITAS:

Galletas de arroz

Cuchillo para untar

Nocilla o crema de queso

Pasas

Rodajas de manzana

Plátano

* Deja que tu hijo extienda nocilla o crema de queso sobre una galleta de arroz inflado. Será la base de la cara.

* ¿Qué tipo de sentimiento querrá demostrar en la cara? Las pasas pueden simular los ojos, la nariz o la boca. Una rodaja de manzana puede hacer una boca enfadada o contenta. Un pedazo de plátano puede ser la nariz. Una rodaja de plátano se puede utilizar para simular una boca que exprese sorpresa o los ojos.

* Pide a tu hijo que te hable de lo que a él le hace sentir contento o enfadado, triste, sorprendido, de lo que le asusta o de lo que le hace feliz.

TU HIJO DESARROLLA:

Identificación de los sentimientos

Hablar sobre los sentimientos

Imaginación

Destreza

Escoger comida sana

¡Una muñeca tan grande como yo!

Ayuda a tu hijo a confeccionar una muñeca de su tamaño y trabaja una importante habilidad para la vida: el autocontrol, que empieza con la consciencia de los límites corporales.

NECESITAS:

20 o más hojas de periódico

Tijeras de punta roma

Cinta adhesiva

Grapadora

Rotulador o pintura y pinceles

✳ En el suelo, pega tres o cuatro hojas de papel juntas hasta que consigas una superficie suficientemente grande para que tu hijo se tumbe en ella. Haz tres áreas más del mismo tamaño.

✳ Dile a tu hijo que se tumbe encima de las cuatro áreas de papeles y traza la figura de tu hijo de pies a cabeza.

✳ Corta las líneas. Grapa o engancha las cuatro figuras, dejando un lateral abierto.

✳ Rellena la muñeca con más hojas de papel de periódico. Grapa la parte abierta.

✳ Tu hijo puede dibujar los rasgos físicos y las ropas de la muñeca.

TU HIJO DESARROLLA:

Autocontrol (mediante la conciencia de los límites corporales)

Simulación

Imaginación

> **Cuando trazas la figura de tu hijo, tiene sensaciones físicas que refuerzan su idea de dónde acaban sus manos o piernas. Es importante saber dónde terminan sus manos y pies porque, de esta forma, podrán controlarse mejor y no pegar cuando algo les enoje.**

La rueda de los sentimientos

Invita a tu hijo a tener una charla que resultará muy útil acerca de los sentimientos con esta actividad.

NECESITAS:
Rueda giratoria (véase la página 18)
Rotulador
Fotografías de un periódico
    o de una revista

✳ Construye una rueda giratoria (en este caso cuadrada). En lugar de utilizar números, tu hijo debe dibujar caras mostrando distintos sentimientos en cada sección, o pegar una fotografía de diferentes personas mostrando distintas emociones. La rueda puede incluir:

> Enfado
> Tristeza
> Sorpresa
> Felicidad
> Miedo

✳ Pide a tu hijo que gire la rueda y que finja tener la emoción que marca con sus piernas, manos, brazos y cara.

Puedes ampliar la actividad pidiéndole que invente una historia de alguien que se sienta de este modo.

✳ Si mantienes la rueda siempre a mano, tu hijo puede utilizarla para mostrar cómo se siente siempre que lo necesite.

TU HIJO DESARROLLA
Identificación de sentimientos
Hablar sobre las emociones

Un festival de emociones

Ésta puede ser una actividad para un día en que tu hijo se haya enfadado, como cuando se anula una excursión o cuando su amiguito no puede venir a jugar. Convierte el enfado en una ocasión maravillosa para proporcionarle a tu hijo formas de expresar los sentimientos negativos.

NECESITAS:

Arcilla (véanse las instrucciones
   en la página 92)

Almohadas

Cacerolas

Comida crujiente (cereales, trozos
   de manzana, zanahorias)

✽ Antes de empezar el Festival de las emociones, marca a tu hijo con unas cuantas normas, como:

> La arcilla debe estar en la mesa.
> Sólo se puede golpear la arcilla, las almohadas y las cacerolas, no a las personas.

Cuando haga una determinada señal, debes parar.

✽ Una buena idea sería empezar con poco tiempo para asegurarte de que tu hijo es capaz de detenerse (unos 15 o 30 minutos). Más adelante, aumenta el tiempo hasta uno o dos minutos golpeando.

✽ Puedes establecer áreas para lanzar las almohadas, para hacer un dibujo loco, o para bailar una canción loca.

✽ Para finalizar, ofrécele una galleta de cereales crujientes, una manzana o una zanahoria para que las mastique.

TU HIJO DESARROLLA:

Encontrar evasiones sanas para los momentos de enfado

Autocontrol

> **Podemos ayudar a los niños a entender que es correcto sentirse enojado pero que no es adecuado herir a otras personas. Mediante este tipo de actividades podemos animarles a encontrar maneras constructivas de expresar los sentimientos.**

Las galletas locas

Estas galletas saben mejor cuanto más fuerte se golpea la masa.

NECESITAS:
Recipiente grande
Papel de horno
Horno precalentado a 175 °C
Ingredientes:

   3 vasos de harina de avena
   1 vaso y ½ de azúcar moreno
   1 vaso y ½ de harina común
   1 vaso y ½ de mantequilla o margarina
   1 cucharadita y ½ de levadura

✻ Coloca todos los ingredientes en un recipiente grande y mézclalos bien.

✻ Dale a tu hijo un poco de masa con la que pueda trabajar: que la amase, la golpee y la mezcle. Cuanto más la mezcle mejor sabor tendrán las galletas.

✻ Cuando la mezcla esté terminada, enséñale a hacer pequeñas bolitas del tamaño de pelotas de ping-pong, y colócalas en el papel de horno.

✻ Hornéalas a 175 °C durante 10-12 minutos.

TU HIJO DESARROLLA:
Encontrar evasiones sanas para los momentos de enfado
Seguir instrucciones
Capacidad de leer y escribir
Medir
Paciencia

> **Elaborar una receta implica leer y seguir instrucciones. Tu hijo puede comprobar por sí mismo lo útil que puede resultar saber leer los números y medir con cuidado.**

Domar títeres que dan miedo

Creando una marioneta pavorosa y después domándola, tu hijo puede aprender a dominar otras cosas que le dan miedo de su vida.

NECESITAS:

Bolsa de papel   Cartulina

Tijeras de punta   Hilo
    roma   Pegamento

✳ Todo lo que necesitas para hacer la marioneta es una bolsa de papel. Habla con tu hijo acerca de lo que va a hacer a la marioneta pavorosa. Dile a tu hijo que le ponga nariz, ojos y boca. Utiliza hilo para la barba o para el pelo.

✳ Mientras tu hijo hace la marioneta, podéis hablar de las cosas que le asustan, como animales con dientes grandes o sonidos altos.

✳ Cuando la marioneta esté acabada, deja que el niño hable con ella y buscad formas de domarla para que no le dé tanto miedo. Puedes sugerirle que la marioneta da miedo porque está triste o preocupada por algo. Ayuda al niño a inventar una historia sobre las preocupaciones de la marioneta.

TU HIJO DESARROLLA:

El uso del juego para vencer los miedos

Hablar sobre las emociones

Creatividad

Simulación

> **Algunas familias creen que los títeres son buenos para los niños que han tenido pesadillas u otras experiencias pavorosas. Sin embargo, para algunos niños, una marioneta que le dé miedo es demasiado terrorífico. Si es el caso de tu hijo, ayúdale mediante historias de alguien o de algún animal que estaba asustado.**

Nota: Para más información acerca de jugar con marionetas, véanse las páginas 38 a 42.

Sombras chinescas

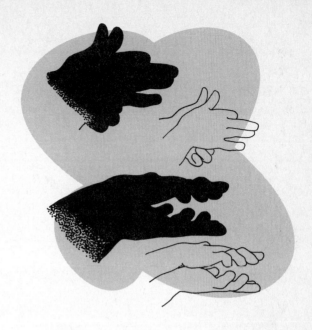

Las sombras pueden dar miedo por la noche, si los niños no entienden lo que son. Conviértelas en un juego durante el día y en una manera de empezar conversaciones acerca de otras cosas que puedan asustar a tu hijo.

NECESITAS:

Luz (de un flexo o de una bombilla)

* Enciende la luz. Tu hijo debe colocarse entre la luz y la pared.

* Enséñale a utilizar las manos, dedos y cuerpo para hacer sombras. Quizá deseéis hacer turnos: uno hace sombras y el otro adivina de qué se trata.

* Te proponemos algunas ideas:

    Un ciervo: Coloca los dedos pulgar e índice juntos y los otros dedos levantados para simular los cuernos.

    Un conejo: Pon hacia abajo los dedos anular, meñique y pulgar. Los dedos índice y corazón hacia arriba para hacer las orejas.

Un perro o un cocodrilo con grandes bocas: Junta las palmas de las manos y muévelas como una bisagra.

TU HIJO DESARROLLA:

El uso del juego para vencer los miedos
Hablar sobre las emociones
Simulación

Jugar a médicos

Jugar a fingir una visita al doctor le proporciona una forma de ensayar lo que allí va a suceder en realidad. El niño será el encargado de realizar la revisión y de poner las inyecciones.

NECESITAS:

Camisa blanca

Maletín de médico con:

    Palo para examinar la garganta

    Tiras de ropa para simular los vendajes

    Cinta métrica (para medir la altura)

    Bolígrafo sin tinta (para poner
    inyecciones)

    Auriculares con una canilla de máquina
    de coser vacía (para el estetoscopio)

    Varita de plástico (para observar
    las orejas y los ojos)

TU HIJO DESARROLLA:

El uso del juego para vencer los miedos

Ponerse en el papel de otro

Simulación

*   Jugar a médicos es tan apetecible que normalmente no requiere ni introducción. A muchos niños les gusta examinar a sus muñecos o animales de peluche. También puedes ser tú la paciente.

> Jugar a experiencias que pueden resultar pavorosas o desagradables puede ayudar a tu hijo a sentirse menos inútil y a confiar en ti a causa de tu honestidad y de la ayuda que le has prestado con antelación.

Un suave amigo

Un suave y bonito amigo de peluche puede ser muy reconfortante para tu hijo.

NECESITAS:

Funda para cojín (grande o pequeña)

Relleno para la funda (algodón, espuma, goma, trapos o gasas secas)

Hilo

Botones (opcional)

Recortes de tejidos

* Rellena la funda de cojín y átala con hilo de colores.

* Ata otro trozo de hilo en medio del cojín para simular la cintura o el cuello.

* Ata las dos puntas inferiores para que parezcan los pies.

* Para la cara, corta tejidos en forma triangular, cuadrada o redonda para hacer los ojos, las cejas, la nariz y la boca. ¿Cómo quiere que esté su suave amigo: triste o contento? Quizá quiera las dos expresiones, una en cada cara del cojín.

TU HIJO DESARROLLA:

Simulación

El uso del juego para vencer los miedos

En ocasiones, un poco de cariño es todo lo que un niño necesita para recargar pilas. El solo hecho de saber que tú le has ayudado a hacer este suave amigo puede darle más valor en un momento triste o solitario.

Un cuadro de crecimiento

Te proponemos una forma para que tu hijo se sienta orgulloso de su crecimiento interior y físico.

NECESITAS:

Papel (de unos 30 × 45 cm)
Lápiz o rotulador

❋ Pega el papel en horizontal en la pared. La parte más alta del papel debe estar a la altura de tu hijo.

❋ La mayoría de los cuadros de crecimiento muestran el crecimiento físico del niño. No obstante, para los niños también es importante saber lo que han crecido interiormente. En este cuadro, podrás anotar y fechar acontecimientos como por ejemplo:

He compartido con un amigo
He esperado mi turno
He cogido una pelota
He aprendido a utilizar el orinal
He aprendido a cortar con tijeras
He aprendido a decir «estoy enfadado» en lugar de pegar
He montado en el triciclo
Me he vestido solito

He escrito mi nombre
Me he abrochado los zapatos solito

❋ Si registras un logro cada mes, tendrás un libro de recuerdos de las hazañas de tu pequeño.

TU HIJO DESARROLLA:

Sentimiento de orgullo
Paciencia
Capacidad de leer y escribir

Nos alegramos mucho cuando vemos señales que indican que el niño está creciendo (cumpleaños, el primer día de la escuela...). Es importante para tu hijo saber que te sientes orgulloso de él en estos momentos. Busca momentos que podrían celebrarse, como cuando el niño va a pegar a alguien y no lo hace. Es un buen momento para decir: «¡Qué orgulloso estoy de ti!». Ha puesto en práctica mecanismos de autocontrol y hay que celebrarlo.

Diversión
Creativa

Estimular la expresividad

Un día, recibimos en nuestra empresa un sobre grande procedente de Dallas, Texas. La carta, junto con once pentagramas con composiciones musicales, decía así: «Les adjunto una ópera, nada más, escrita por un niño de seis años que se inspiró en su programa». Y allí estaba: una ópera de un niño pequeño sobre un búho, un tigre, un rey y un arqueólogo que descubrieron que lo que todos pensaban que era un monstruo, era en realidad la luz al final de un túnel. ¡Una ópera de un niño de seis años! Por supuesto que su madre la había escrito (las palabras y las notas) en el pentagrama por él, y los personajes estaban extraídos de nuestro programa diario, pero la ópera era suya. El niño quería componer una ópera y alguien le animó a hacerlo.

La mayoría de los niños no escriben óperas; no obstante, cada niño nace con un don único que le brinda una oportunidad de hacer algo completamente distinto al resto del mundo. Se puede apreciar observando a los niños jugar. Dos piezas de barro nunca significan lo mismo. Hay infinidad de variedades de edificios de bloques. Cada dibujo y cada danza lleva escrito el toque maestro de su creador. De mayores, el peinado, los complementos y el lenguaje reflejan la individualidad de cada persona. Cuando ves que esto sucede, sabes que algo de dentro de la persona se está compartiendo con el resto del mundo.

Cada persona tiene cosas que nadie más tiene ni nunca tendrá. Animando a nuestros hijos a descubrir su autenticidad única, les ayudamos a ser creativos. Sus expresiones de creatividad son uno de los mejores regalos y una delicia para los padres.

Materiales creativos

Dales a tus niños diversos materiales y verás como enseguida les encuentran una utilidad. Probablemente tengas muchas cosas en casa: tubos de papel higiénico, hueveras de cartón, botones, palos de helado o cajas de zapatos. Puedes decir: «Aquí hay una caja vacía, ¿en qué podemos convertirla?». Tener a mano tizas, rotuladores, cartulina, cinta adhesiva o pegamento puede convertir los «¿Qué puedo hacer» en «¡Mira lo que he hecho!».

Responder a la creatividad infantil

Los niños necesitan saber que las personas que a ellos les preocupan los quieren. Nuestro interés y aprobación puede desempeñar un papel importante en el desarrollo de su creatividad. Pero, en ocasiones, y aunque queremos animarles, nuestro entusiasmo puede ser contraproducente. Supongamos que Carla está enfadada con su hermano. La niña pinta sus sentimientos en un papel, con pintura esparcida sin ningún sentido, y un adulto se le acerca y le dice: «Oh, ¡qué bonito, Carla!». En este caso, Carla no deseaba en absoluto que fuese bonito. Quería que fuera feo, desordenado y enloquecido, tal y como ella misma se estaba sintiendo en aquel momento.

¿Cuál es la mejor respuesta adulta? Tranquilamente, observar y escuchar, y esperar el momento en que Carla te haga saber lo que quiera que sepas. Muchas veces hay algo más de lo que los ojos pueden ver. La mejor manera que tiene Carla de expresar su enojo es en el papel, ya que esto le impide herir a alguien o echar a perder alguna cosa.

El proceso es más importante que el resultado

Asimismo, también puede que las cosas tengan menos importancia de la que parece a simple vista. A los niños a menudo les entusiasma el proceso más que el producto final. Cuando dibujan, se maravillan de cómo la pintura va tiñendo el papel. Parece que quieran que se les deje hacer cualquier cosa, no importa el resultado. Es más seguro para los adultos decir: «¿Quieres contarme lo qué es?». Puede que respondan: «Nada», o que elaboren historias acerca de sus garabatos. De una u otra forma, es su creación, y así definen su inspiración.

No tenemos que entender necesariamente todas las creaciones infantiles. Lo importante es que comuniquemos nuestro respeto por sus intentos por expresar lo que sienten interiormente. Es la creación lo que debemos alentar.

Ventanas de colores

Papel encerado

Puede que alguna vez hayas encontrado trozos de tiza en la caja de tizas de tu hijo. En lugar de tirarlas a la basura, muestra a tu niño que tienen otro uso. ¡Realiza una ventana de colores!

NECESITAS:

Sacapuntas para tizas o cuchillo de plástico
Trozos de tiza
Cartulina
2 trozos de papel encerado
    de aproximadamente el mismo tamaño
Plancha

✳ Saca punta a los extremos de las tizas encima de un papel encerado que previamente habrás colocado encima de una cartulina.

✳ Deja que tu hijo ordene un poco los trozos de tiza resultado de sacar punta y cubridlo con el otro papel encerado.

✳ Con cuidado, traslada el papel encerado a una tabla de planchar. Coloca un trapo de cocina fino entre el papel encerado y la plancha.

✳ Presiona las hojas de papel encerado con la plancha un poco caliente. Los restos de tiza se fundirán y mezclarán. Formarán diseños interesantes. No dejes que la plancha se caliente demasiado pues el papel encerado se podría quemar desprendiendo un hedor insoportable, y arruinando el proyecto.

✳ Cuando la cera se haya secado, cuélgalo en la ventana y observa la luz a través de ella.

TU HIJO DESARROLLA:

Creatividad
Conciencia de la ciencia (aprender acerca de los efectos del calor)
Destreza

Envases de colores

Te proponemos una manera maravillosa de reutilizar un cazo vacío. Antes de empezar, asegúrate de que los bordes del envase no corten.

NECESITAS:

Envase vacío (de café, sopa, yogur o zumo)

Algodón o un cepillo pequeño

Pegamento

Hilo, cartulina, trozos de fieltro, papel
   o fotografías de revistas

* Dale a tu hijo algodón o un cepillo para cubrir el exterior del envase con pegamento.

* Deja que el niño redecore el envase como quiera. Puede envolverlo con hilo enroscándolo alrededor, o añadir cartulina, tejidos o trozos de fieltro, de papel o de fotografías de revistas.

* Cuando el pegamento se haya secado, el niño puede utilizarlo como recipiente para colocar lapiceros, tizas, juguetes o un regalo para alguien.

TU HIJO DESARROLLA:

Creatividad

Destreza

Ingenio (encontrar nuevas utilidades a las
   cosas)

Móvil de papel

Es divertido hacer y jugar con móviles de papel. ¡Mira cómo se mueven!

NECESITAS:

Cartulina de diferentes colores

Tijeras de punta roma

Punzón o lápiz puntiagudo

Cuerda

Percha para colgar abrigos

Tizas

Pegamento

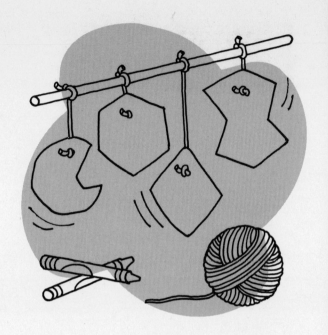

✳ Haz que tu hijo corte trozos de papel de colores en distintas formas o pega varias formas juntas, una encima de otra, para conseguir un efecto tres dimensiones.

✳ Pincha y practica un orificio en la parte superior de cada uno de los trozos de papel resultantes.

✳ Ata un trozo de cuerda en el orificio y el otro extremo en la percha.

✳ Corta la cuerda en diferentes longitudes para que el móvil sea más interesante.

TU HIJO DESARROLLA:

Creatividad

Conciencia de la ciencia (aprender acerca del movimiento de las cosas en el aire)

El libro

Tu hijo puede convertirse en autor, ilustrador y encuadernador.

NECESITAS:

Cartulina procedente de una caja
    de cereales

Tijeras de punta roma

Papel, para las páginas (si es grueso
    funciona mejor)

Punzón

Hilo, cordones de zapatos, cuerda gruesa,
    anillas de libreta

Tizas, rotuladores o lápices de colores

* Diseña las cubiertas: corta dos trozos de cartulina un poco mayores que el papel para las páginas que vayas a utilizar. Tu hijo puede pegar tejidos para que la cubierta quede más bonita.

* Coloca 5 o 6 páginas entre las cubiertas, haz orificios a lo largo de uno de los márgenes. Deja que tu hijo ate las hojas con hilo.

* El niño puede pegar fotografías de revistas en las páginas. También puede hacer dibujos o inventarse un poema o una canción para que tú la escribas en el libro.

* Puedes sugerirle un tema para el libro o para algunas de las páginas: animales, mis cosas favoritas, abecedario o familia.

TU HIJO DESARROLLA:

Imaginación

Toma de decisiones

Destreza

Capacidad de leer y escribir

> Imagina lo emocionante que puede resultar para tu hijo «leer» un libro hecho por él mismo. Poner nombres a los dibujos puede suponer un paso importante para aprender a leer.

Elaborar arcilla

Te proponemos maneras sencillas y económicas de preparar tu propia arcilla para desarrollar la creatividad.

ARCILLA N.º 1

NECESITAS:
1 vaso de harina
½ vaso de sal
2 cucharadas de café de salsa tártara
1 vaso de agua
Colorante alimentario (opcional)
1 cucharada de aceite

＊ Mezcla la harina, la sal y la salsa tártara en un cazo pequeño.

＊ Mezcla los líquidos en otro cazo. Pon el colorante alimentario.

＊ Mézclalo todo y cuécelo a temperatura de media a baja, removiendo hasta que tenga la consistencia de un puré de patata.

＊ Cuando la mezcla se haya enfriado, amásala un poco. Colócala en un envase cerrado.

ARCILLA N.º 2

2 vasos de harina
1 vaso de sal
1 vaso de agua
1 cucharadita de aceite de oliva (opcional)

＊ Combina y mezcla todos los ingredientes y colócalos en un envase hermético.

＊ Piensa que los niños pueden sentirse tentados de comerse la mezcla.

TU HIJO DESARROLLA:
Seguir instrucciones
Coordinación
Creatividad

La escultura

Busca en tu caja de herramientas todos los materiales que se puedan reciclar.

A los niños les entusiasma tocar distintas texturas y ver diferentes formas. Por esta razón, el «cajón de los trastos» es como un cofre del tesoro para este juego de creatividad.

NECESITAS:

Palos de helado, cañas, lazos

Tuercas, tornillos, pernos

Arcilla o plastilina (véase la receta
   de la página anterior)

✳ Haz que tu hijo cree una escultura utilizando los materiales que has encontrado en casa.

✳ Si piensas colgar la obra en la pared, coloca un sujetapapeles en la parte posterior antes de que la arcilla se seque.

TU HIJO DESARROLLA:

Creatividad

Ingenio

Destreza

Dibujar con hilos

¡Es como coser un diseño de colores!

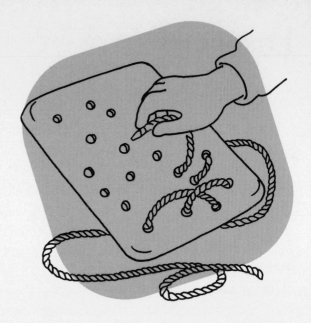

NECESITAS:
Cartulina o bandeja de espuma
   de poliestireno
Hilo
Cinta adhesiva
Lápiz puntiagudo o punzón

✳ Antes de empezar, envolved los extremos del hilo con cinta adhesiva para facilitar la entrada en los orificios.

✳ Pincha, con el punzón o con el lápiz, la cartulina o la bandeja de espuma de poliestireno hasta que quede bastante agujereada.

✳ Muéstrale cómo pasar el hilo por los orificios para realizar diseños. Quizá quiera utilizar diferentes colores para los hilos.

✳ Anímale a probar distintas formas de solapar el hilo. A lo mejor, al principio, tiene dificultades para pasar el hilo por los orificios. Puedes alentarlo diciendo que las cosas manuales requieren tiempo y práctica. Esta actividad se puede volver a realizar otro día, así, tu hijo se dará cuenta de sus progresos.

✳ Algunos niños puede que se diviertan simplemente dibujando puntos en un papel y después juntándolos de manera creativa con un lapicero, bolígrafo o rotulador.

TU HIJO DESARROLLA:
Creatividad
Destreza
Coordinación
Persistencia

> **Esta actividad proporcionará a tu hijo una manera creativa de practicar los movimientos de los dedos que se requieren para escribir.**

¡Sorpresa!

Las sorpresas, como las que se encuentran dentro de un papel doblado, pueden resultar muy divertidas para los niños si las han hecho ellos.

NECESITAS:
2 trozos de cartulina
Tijeras de punta roma
Cinta adhesiva
Tizas o rotuladores

✳ Dale a tu hijo una hoja de papel y pídele que haga un número determinado de cuadrados o rectángulos. Serán las «ventanas» de otro trozo de papel.

✳ Utiliza las tijeras para cortar tres de las caras de cada cuadrado o rectángulo y ayuda a tu hijo a doblarlas. Puedes hacer que se abran como ventanas (verticalmente) o como puertas (horizontalmente).

✳ Ayuda a tu hijo a colocar el otro trozo de papel debajo del cortado y a pegarlo con cinta adhesiva.

✳ Haz que tu hijo dibuje o pegue una fotografía en el pliegue inferior, debajo de cada ventana.

✳ Dobla las otras caras juntas.

✳ Los niños pueden jugar al «Veo-veo» con las ventanas. El niño puede jugar a un juego de concentración tratando de recordar el dibujo que hay debajo de cada ventana.

TU HIJO DESARROLLA:
Creatividad
Destreza
Memoria

Ritmos musicales

Observa cómo tu hijo capta el ritmo de la música.

NECESITAS:

Música animada

Papel

Arcilla (opcional)

✳ Para ayudar a tu hijo a que se centre en el ritmo de la música, empieza a moverte o a dar palmas al ritmo de la música.

✳ Con el ritmo de la música, haz que tu hijo mueva las tizas o los rotuladores en el papel. Pueden emerger muchos diseños cuando haces que la creatividad se aliente con música.

✳ Haz que haga otro dibujo con una música distinta. Fíjate en las diferencias entre los dos dibujos.

✳ Para variar, tu hijo puede utilizar música mientras moldea arcilla.

TU HIJO DESARROLLA:

Creatividad

Habilidades auditivas

> Se trata de un modo distinto de crear, porque se inspira en el ritmo de la música. En lugar de centrarse en el resultado, lo más importante es el procedimiento.

Tu propio batido de frutas

Este batido no se elabora a partir de helado, sino de frutas. Dale una taza o un vaso para batidos y deja que tu hijo haga su creación.

NECESITAS:

Vaso para batidos o taza

Manzanas, uvas, plátanos, naranjas, etc., cortados a rodajas y colocados en distintos recipientes

Pulverizador

Nueces, cereales, etc., para decorar (opcional)

Nata o yogur

TU HIJO DESARROLLA:

Creatividad

Escoger comida sana

Aprecio por las diferencias individuales

✳ Dale al niño un vaso para batidos o una taza.

✳ Anímale a crear su propio batido utilizando los ingredientes que desee.

✳ Cúbrelo con nata o yogur y obtendrás una sana merienda.

Collages creativos

Los papeles de colores son ideales para juegos creativos.

NECESITAS:

Papeles de distintos colores

Bandeja o caja de zapatos

Cepillo pequeño

Pegamento diluido o almidón líquido

Papel liso para el fondo

* Haz que tu hijo trocee el papel en trozos pequeños, utilizando una bandeja o una caja de zapatos para colocarlos.

* Con un cepillo pequeño, deja que tu hijo pinte el fondo con almidón líquido o pegamento (la mitad de pegamento y la mitad de agua). A continuación, pega los trocitos de papel al fondo para crear el diseño.

* El collage también se puede hacer con otros materiales tales como: papel de envolver regalos, papel de empapelar paredes, tarjetas de felicitación, trozos de papel de revista o hilo.

TU HIJO DESARROLLA:

Creatividad

Destreza

Pintar
una galleta

Lleva a tu hijo a la cocina para que pueda elaborar estas divertidas y sabrosas galletas. Si lo prefieres, compra masa para galletas ya hecha; os facilitará la tarea.

NECESITAS:

1 paquete de masa precocinada
   de galletas dulces

4 vasos de azúcar pastelero

⅓ de vaso de agua

Colorante alimentario

Pincel de pastelero

Varios cazos pequeños

Más pinceles

✳ Cuece las galletas y deja que se sequen.

✳ Bate el azúcar pastelero con el agua. Añade 2 cucharaditas más de agua si lo crees necesario para que la masa quede suave y se pueda verter bien.

✳ Tu hijo puede pintar las galletas con el pincel de pastelero o los otros pinceles para decorarlas.

✳ Deja que las galletas se sequen totalmente antes de guardarlas en envases herméticos.

TU HIJO DESARROLLA:

Creatividad

Seguir instrucciones

Destreza

Ciencia y Naturaleza

Apreciar el mundo

Una vez, una madre me contó algo acerca de un paseo que había dado con su hija de tres años. «Sólo teníamos que ir al buzón del final de la calle y volver, ¡pero nos llevó toda la mañana! Jamilla podría incluso haberlo convertido en una excursión de un día entero. En primer lugar, se detuvo a observar una hilera de hormigas que salían de su nido. Después, oyó pájaros y nos tuvimos que parar hasta que los hubo localizado en un árbol. Golpeó una piedra hacia un charco y se detuvo a observar los círculos que hacía. Y otra piedra. Y otra más. ¡Jamás me habría imaginado que hubiera tantas cosas por ver en el camino de casa al buzón!»

Los preescolares son criaturas curiosas por naturaleza. Tienen una aventura amorosa con el mundo, como si acabaran de abrir la puerta de sus casas y descubrieran que hay un mundo entero por descubrir esperándoles. Las cosas más insignificantes son fascinantes para ellos. A esa edad, son científicos que observan y experimentan. Para nosotros, los adultos, es un regalo poder ver el mundo a través de los ojos de un niño. Hace que nos demos cuenta de que muchas cosas que da-mos por sentado son más maravillosas de lo que nunca habríamos imaginado.

Curiosidad y asombro

Los niños están hambrientos de saber acerca del mundo. Si alentamos su curiosidad, les estamos dando las herramientas más importantes que necesitarán para la escuela y para la vida.

Cuando ya dominan la lengua, los niños empiezan a preguntar «por qué». Lo hacen para averiguar más sobre las cosas que saben nombrar. Los niños se percatan de que los adultos saben muchas cosas, y es por esto que formulan tantas preguntas.

Claro que no siempre tenemos la respuesta adecuada a todas las preguntas, y a menudo las respuestas requieren abstracciones mentales que los preescolares no pueden hacer. Algunos padres me han

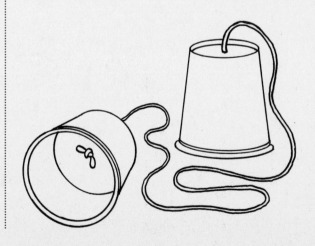

comentado que la etapa de los «por qué» de sus hijos había resultado agotadora. Es útil decirles a los niños: «Ahora mismo no puedo responderte a esto. Ya hablaremos más tarde» o «No sé la respuesta, o cómo explicártelo pero es una buena pregunta». Les valoramos sus preguntas y el aprecio por el mundo que les rodea.

Las actitudes se captan

Del mismo modo que los niños pueden ayudarnos a abrir los ojos al mundo que nos rodea, nosotros podemos ayudarles a ellos a fomentar su curiosidad y aprecio; como decía el viejo Quaker:«Las actitudes se captan, no se enseñan». Mi profundo aprecio por la naturaleza proviene en gran medida de haber crecido en una ciudad pequeña, donde había muchos adultos que mostraban mucho respeto hacia ella. Nunca olvidaré aquellos paseos por el bosque, con mi abuelo McFeely. Pájaros,

arbustos, hojas, flores, todos estos seres vivos me recuerdan el gozo que experimentaba al estar con él.

¿Acaso los niños no aprenden a amar del ejemplo de los adultos que están con ellos? Cuando los niños ven que te preocupas y te cuestionas cosas de los seres vivos, cuando te maravillas ante una puesta de sol o ante la luna de una noche especial, les haces saber que aprecias la naturaleza. ¡Y es contagioso!

¿Cómo se alimentan las plantas?

¿Sabe tu hijo cómo se alimentan las plantas?

NECESITAS:

Tallos y hojas de apio
Agua
Jarra o vaso
Colorante alimentario
Pajas para beber (opcional)

✳ Corta 2,5 cm de la base del tallo de apio y muéstrale al niño los orificios que el tallo tiene en su interior. Son como pajitas colocadas unas muy cerca de las otras. Explícale que el apio bebe agua por estos orificios, del mismo modo que las personas lo hacemos con las pajitas.

✳ Pon colorante alimentario en una jarra con agua y sumerge el tallo de apio. Transcurridas unas horas, las hojas situadas más arriba empiezan a adquirir el color del agua. Corta uno de los tallos de apio por la mitad, así tu hijo podrá ver el agua de color en las venas.

✳ Ahora que tu hijo ya ha visto cómo funcionan las «pajitas» del apio, dale zumo de frutas o agua con pajas durante la próxima comida.

TU HIJO DESARROLLA:

Conciencia de la ciencia (aprender cómo una planta absorbe el agua)
Habilidades de observación
Curiosidad

Frotar hojas

Te presentamos una actividad que le va a proporcionar a tu hijo una manera diferente de observar las hojas.

NECESITAS:

Varias hojas de distintos árboles o plantas
Papel ligero
Tizas

✳ Coloca una hoja debajo de un trozo de papel y enséñale a tu hijo cómo frotar una tiza por encima. Sujeta la hoja y el papel mientras frotas por encima con la tiza. Observa cómo aparecen las líneas, como por arte de magia. Frota un poco más y verás las venas de la hoja.

✳ Prueba esta técnica con diferentes clases de hojas. Pide al niño que se fije mucho en las diferencias que se puedan apreciar entre los distintos tipos de hoja. ¿Tienen los bordes finos? ¿Un tallo en el centro? ¿Tienen venas? ¿Qué es igual en todas las hojas?

✳ Este proyecto puede convertirse en un juego de parejas. ¿Puede el niño emparejar cada dibujo con su hoja correspondiente?

TU HIJO DESARROLLA:

Habilidades de observación
Reconocer las semejanzas y las diferencias
Aprecio por la naturaleza

> Mientras enseñas a tu hijo las semejanzas y las diferencias de las hojas, puedes hablarle de cómo las personas son iguales o diferentes. El aprecio por las personas es parte del aprecio por el mundo.

Dentífrico casero

Anima a tu hijo a jugar a científicos y mezcla productos químicos para obtener dentífrico.

NECESITAS:

4 cucharaditas de café de bicarbonato
    sódico
1 cucharadita de café de sal
1 cucharadita de café de aromatizante
    (extracto de vainilla, de almendra
    o de menta)
Cepillo de dientes
Envase con cierre hermético

* Mezcla los ingredientes para obtener un dentífrico casero.

* Los dentistas suelen recomendar que los niños se cepillen los dientes durante uno o dos minutos. Puedes pensar en una canción popular para tararearla mientras se cepilla los dientes.

* Asegúrate de cerrar bien con una tapadera el envase después de cada uso.

TU HIJO DESARROLLA:
Conciencia de la ciencia
Higiene y salud dental
Responsabilidad
Curiosidad

Esta actividad te puede proporcionar una oportunidad para hablar con tu hijo acerca de lo que es bueno para los dientes, como por ejemplo:

* cepillarlos por la mañana y antes de acostarse

* cepillarlos después de las comidas, siempre que sea posible

* cepillarlos o enjuagar la boca después de haber comido caramelos o alimentos pegajosos.

Tu hijo pondrá más atención en el cuidado dental y en el cepillado porque ha elaborado el dentífrico él mismo.

Semillas de calabaza

A los niños les encanta conocer cosas sobre «tesoros escondidos» que están dentro de las cosas. Abre una calabaza. ¿Qué hay en el interior? ¡Semillas que, tostadas, están deliciosas!

NECESITAS:

Calabaza madura

Cuchillo puntiagudo

Cuchara grande

Toallitas de papel

Aceite vegetal

Papel de horno

Horno

Sal (opcional)

✳ Corta y abre la calabaza. Saca las pepitas.

✳ Lava las pepitas debajo del agua del grifo. Después espárcelas encima de las toallitas de papel para que se sequen.

✳ Si lo deseas, ponles sal.

✳ Pon un poco de aceite en el papel de horno.

✳ Hornéalo durante una hora a 120 ºC hasta que se sequen completamente. Si quieres, puedes subir la temperatura para dorar las pepitas durante unos minutos, pero ten cuidado porque enseguida se queman.

✳ Retira las pepitas del papel de horno. Ponlas en un envase de cierre hermético para que se mantengan crujientes.

TU HIJO DESARROLLA:

Conciencia de la ciencia (aprende acerca de las semillas)

Curiosidad

Seguir instrucciones

Paciencia

Teléfono

Los sonidos pueden desplazarse a través de una cuerda. La cuerda vibra y una pieza en el otro extremo recoge el sonido y lo hace más fuerte, igual que un teléfono. Las partes más importantes de un teléfono son las personas que están hablando, claro.

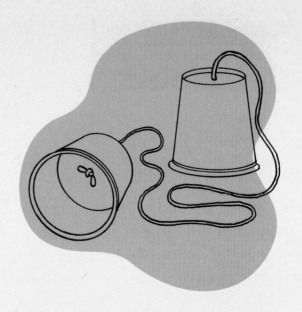

NECESITAS:

2 vasos de espuma de poliestireno
    o de papel, o envases de yogur
    o de zumo de frutas
Clavo o lápiz puntiagudo
Cuerda de 1 a 2 m de largo

✳ Haz un orificio en la base de los vasos con un clavo o con un lápiz.

✳ Ayuda a tu hijo a meter la cuerda por los orificios. Ata la cuerda por la parte interior de los vasos.

✳ Debido a la vibración de las cuerdas, el teléfono funciona. Asegúrate de que la cuerda está lo más tensa posible.

✳ Tu hijo puede comparar con vasos de papel y de poliestireno para ver por qué material circula mejor el sonido.

TU HIJO DESARROLLA:

Conciencia de la ciencia (aprender acerca de las vibraciones)
Cooperación
Creatividad

      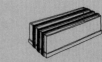

Guitarra con caja de zapatos

Enseña a tu hijo a convertir la ciencia en música.

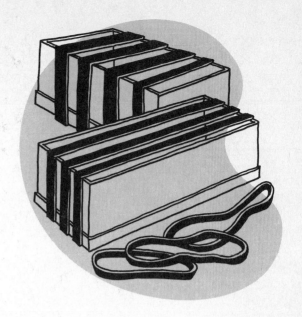

NECESITAS:

Caja de zapatos sin tapa

3 o 4 gomas de diferentes tamaños

＊ Ayuda a tu hijo a colocar las gomas, a lo ancho, en la caja de zapatos. A continuación, muéstrale cómo puntear o rasguear las gomas. Los distintos tamaños de las gomas deberían hacer diferentes sonidos. También puedes formar una sección entera de cuerda o una orquesta completa utilizando diferentes tamaños de cajas y de gomas.

＊ Puedes añadir un trozo de cartón rectangular a un extremo de la caja para que parezca una guitarra de verdad.

TU HIJO DESARROLLA:

Creatividad

Conciencia de la ciencia (aprender acerca de las vibraciones)

Habilidades auditivas

Reconocer las semejanzas y las diferencias

> **Estarás haciendo algo más que música: estarás animando a tu hijo a apreciar los sonidos y la ciencia, ayudándole a desarrollar habilidades auditivas y, lo más importante, compartiendo tiempo con él.**

¡Vamos de paseo!

Los niños pueden encontrar toda clase de tesoros por todas partes.

NECESITAS:

Sitio para pasear (jardín, acera o camino)

Bolsa pequeña o caja (opcional)

Lupa (opcional)

✳ Planea un paseo con tu hijo. No hace falta que os vayas muy lejos, ni que andéis demasiado deprisa. Tu hijo tendrá la oportunidad de mirar cosas como:

> Hojas, flores y plantas
> Bichos y piedras
> Ardillas, perros y gatos

✳ Si a tu hijo le gusta coleccionar cosas, llevaros una bolsita para poder meter las cosas que os vayáis encontrando por el camino. Una vez en casa, estas cosas se pueden utilizar para un collage o un móvil. Las hojas se pueden frotar. Las piedras se pueden pintar y usar como pisapapeles. También se puede guardar todo en el «cofre del tesoro» hecho con una caja de zapatos.

✳ A los niños que les gusten los árboles, les encantará dar un «paseo por los árboles». Ayuda a tu hijo a reconocer los árboles del camino. Observad con atención sus tamaños y formas. Tocad el tronco. Fijaros en las diferentes formas de las hojas.

✳ Si tu hijo es un explorador, coged una lupa para poder examinar con más precisión las cosas que os vayáis encontrando por el camino.

TU HIJO DESARROLLA:

Aprecio por la naturaleza

Habilidades de observación

Curiosidad

> **Cuando los adultos caminamos, normalmente estamos dirigiéndonos hacia algún sitio en concreto y andamos a un ritmo regular. Cuando los niños pasean, se paran y observan las cosas que hay a su alrededor. De hecho, para ellos, observar es mucho más importante que caminar.**

Un jardín en la repisa de la ventana

La mayoría de las plantas crecen muy despacio y los niños no tienen suficiente paciencia para esperar que crezcan. Te presentamos algunas plantas que crecen relativamente rápido, para que tu hijo pueda ver los cambios en pocos días o en una semana.

NECESITAS:

3 o 4 alubias
Toallas de papel
Jarra de cristal con tapadera
Agua

∗ Pon las alubias en remojo durante la noche. De esta manera, crecerán más deprisa.

∗ Llena la jarra con toallas húmedas.

∗ Coloca tres o cuatro alubias entre las toallas y la jarra, de manera que las puedas ver a través del cristal.

∗ Mantén las toallas de papel húmedas añadiendo un poco de agua a la jarra cada día o cuando veas que sea necesario.

∗ Revisa las semillas de vez en cuando para ver las señales de crecimiento.

∗ En una semana, las alubias se abrirán y empezarán a crecer. Puede que empiecen a salir hojas del tallo. Tu hijo podría dibujar una tabla para registrar la altura del tallo.

∗ Si estáis en primavera o verano, podéis trasplantarlas al exterior cuando tengan 5 cm de altura. Tu hijo puede observar los cambios que tienen lugar en el exterior: más hojas, flores, minúsculas alubias, etc. Si las alubias crecen lo suficiente, tu hijo puede abrir una y observar la semilla del interior.

TU HIJO DESARROLLA:

Conciencia de la ciencia
Aprecio por la naturaleza
Curiosidad
Paciencia

Monedas relucientes

Observa cómo una moneda sucia se convierte en resplandeciente.

NECESITAS:

Varias monedas de cobre apagadas y sucias
¼ de vaso de vinagre de vino blanco
1 cucharadita de sal
Recipiente transparente poco profundo
Toallas de papel
Moneda plateada

✳ Pon la sal y el vinagre en el recipiente. Remueve hasta que la sal se disuelva.

✳ Sumerge las monedas de cobre en el líquido y observa cómo pasan de estar sucias a estar limpias.

✳ Enjuágalas bien bajo el grifo. Colócalas en la toalla de papel para que se sequen.

✳ Deja que el niño pruebe el mismo experimento con una moneda plateada. Comprobaréis que no reacciona del mismo modo que la otra porque le falta cobre, el elemento que provoca la reacción química.

TU HIJO DESARROLLA:

Conciencia de la ciencia (reacciones químicas)
Curiosidad

Cuando ayudamos a los niños a comprender que las relaciones de causa-efecto de la ciencia son predecibles, se sienten más seguros y sienten que los enigmas del mundo no son únicamente magia. Una de las razones por la cual este experimento es maravilloso para los niños pequeños es que la explicación del por qué el cobre se vuelve brillante es muy sencilla. Con el tiempo, el cobre de la moneda se mezcla con el oxígeno del aire y se vuelve de un color apagado. En la solución ácida del vinagre, el cobre se separa del oxígeno y su brillantez se restablece.

Mi sombra y yo

Aprovecha los días soleados y sal a buscar sombras.

* Sal al exterior en un día soleado con tu hijo. Pídele que busque su sombra. ¿Qué sucede cuando el niño se mueve? ¿Es capaz tu hijo de hacer bailar la sombra?

* Busca las sombras de distintas cosas: coches, cabinas telefónicas, señales de tráfico, árboles.

* Si puedes, sal al exterior un poco más tarde para ver las sombras en distintos momentos del día. ¿Dónde están las sombras? ¿Cómo son las sombras?

TU HIJO DESARROLLA:

Curiosidad

Habilidades de observación

Conciencia de la ciencia (aprender acerca del efecto de la luz del sol)

Capacidad de leer y escribir

Índice
por nombre
de actividad

Índice por tipo de actividad

Este índice resulta útil para cuando te quieres centrar en un área específica del desarrollo de tu hijo, o para cuando buscas una actividad que cubra una necesidad determinada. Las actividades se presentan ordenadas por los beneficios en el desarrollo y por categorías descriptivas. Por ejemplo, si deseas realizar una actividad al aire libre, puedes mirar en «actividades al aire libre»; si te gustaría hacer una actividad que estimulara a tu hijo para leer y escribir, busca «capacidad de leer y escribir» y encontrarás algunas sugerencias.

R

S

S

U

Conserva...

Algodón

Bolsas de la compra

Bolsas de papel

Botellas de detergente

Cajas (de cereales, puding, galletas saladas, etc.)

Calcetines

Calendarios

Canillas vacías

Cartulinas

Catálogos

Cuerdas

Envases de lata, plástico o cartón de todas las formas

Envases de margarina

Envases de papilla

Envases de yogur

Esponjas

Hilo

Hueveras de cartón

Madera

Palos de helado

Papel de envolver regalos usado

Periódicos

Poliestireno o bandejas de verduras o de carne

Poliestireno para embalaje

Revistas

Rollos de cartón (de papel higiénico o de cocina)

Sujetapapeles

Tapaderas de jarras

Tapones de botella

Tejidos

Acerca del autor

Fred McFeely Rogers es más conocido como Mr. Rogers, creador y presentador, compositor y titiritero del programa más largo de la PBS, *Mr. Rogers Neighborhood.*

Su viaje al *Neighborhood* empezó en 1950, durante su último año en el Rolling College. Sintió curiosidad acerca del potencial que podía tener la televisión infantil. Después de graduarse en Rollins trabajó en la NBC como ayudante de producción para *The Kate Smith Hour* y *The Voice of Firestone.* En 1952 se casó con Joanne Byrd, pianista y compañera de graduación de Rollins.

Volvió a su tierra natal, Pennsylvania, en 1953. Ayudó a fundar la televisión pública de Pittsburg, WQED, y coprodujo el programa de una hora diaria en directo *The Children's Corner,* para el que trabajó detrás de los decorados como titiritero y músico. Fue en este programa donde empezaron a aparecer varios capítulos de *Mr. Rogers Neighborhood,* y en ellos Daniel Striped Tigre, King Friday XIII, X the Owl y Lady Elaine Fairchilde.

Para ampliar sus conocimientos sobre televisión infantil, Fred Rogers estudió en la Escuela Superior de Desarrollo Infantil de la Universidad de Pittsburg. Asimismo, terminó el Bachelor of Divinity Degree en el Seminario de Teología de Pittsburg y fue ordenado pastor presbiteriano en 1963 con el único encargo de servir a los niños y a las familias a través de los medios de comunicación.

Mr. Rogers Neighborhood debutó en la televisión pública en 1968. Desde entonces, sus eminentes series han sido reconocidas a nivel internacional como un esfuerzo pionero de comunicarse con niños pequeños a través del televisor acerca de cosas que importan en la edad infantil. *TV Guide* dice: «(...) *Mr. Rogers Neighborhood* nos hace sentir seguros, a los niños y a los adultos, cuidados y valorados (...). Allí donde esté Mr. Rogers, se convierte en un santuario». Fred Roger ha recibido los premios más importantes de la televisión y de la educación, y honorarios de más de 38 universidades.

Fred Rogers es el Presidente de Family Communications, Inc., la entidad sin ánimo de lucro que fundó en 1971 para producir *Mr. Rogers Neighborhood.* Desde entonces, la compañía se ha diversificado en materiales que no se emiten que reflejan la misma filosofía y objetivo: alentar el crecimiento emocional sano de los niños y de sus familias.

*El juego es la expresión de nuestra creatividad, y la creatividad, creo,
constituye la base de nuestra habilidad para aprender, para hacer frente
a la vida y convertirnos en lo que podamos.*

Fred Rogers

OTROS LIBROS DE INTERÉS
EN EDICIONES ONIRO
Para más información, visite nuestra web:
www.edicionesoniro.com

300 JUEGOS DE 3 MINUTOS
Actividades rápidas y fáciles
para estimular el desarrollo
y la imaginación de los niños
de 2 a 5 años
JACKIE SILBERG

192 páginas
Formato: 15,2 x 23 cm
El niño y su mundo 9

JUEGOS PARA APRENDER
Actividades lúdicas e imaginativas
para entretener a tu hijo
y reforzar su autoestima
DOROTHY EINON

176 páginas
Formato: 16,5 x 24,5 cm
Libros ilustrados

Otros libros de interés
en Ediciones Oniro
Para más información, visite nuestra web:
www.edicionesoniro.com

JUEGOS Y ACTIVIDADES PARA HACER EN CASA

Linda Hetzer

240 páginas
Formato: 24,5 x 19,5 cm
Singulares

ACTIVIDADES PARA APRENDER. EL NIÑO DE 3 AÑOS

Grace Jasmine

80 páginas
Formato: 19,5 x 24,5 cm
El niño y su mundo 30

Otros libros de interés
en Ediciones Oniro
Para más información, visite nuestra web:
www.edicionesoniro.com

JUGANDO CON ALMOHADAS

*Juegos y actividades
para ayudar a los niños
a reducir la agresividad*

Annette Breucker

96 páginas
Formato: 19,5 x 24,5 cm
Crecer jugando 3

JUEGOS Y EJERCICIOS
PARA ESTIMULAR
LA PSICOMOTRICIDAD

*Cómo fomentar en los niños
una actitud positiva
hacia el deporte*

Bettina Ried

112 páginas
Formato: 19,5 x 24,5 cm
Crecer jugando 4